Typisch Kroatien

Typisch

Kroatien

Friederun Pleterski

Blicke hinter die Kulissen

styria regional

Bildnachweis:

Fotos: © Arnold Pöschl

Außer Seiten 39, 42, 46, 49, 120, 130, 135, 140, 142, 144, 146, 149, 171, 179, 180, 181, 183, 184, 187, 188, 191, 192, 195, 196, 199, 206: © Friederun Pleterski

Seite 156: © Mira Kovačević

Seite 174: © Hans Schaffer

Impressum

ISBN: 978-3-7012-0158-7

© 2014 by *Styria Regional* in der
Verlagsgruppe Styria GmbH & Co KG
Wien – Graz – Klagenfurt
Alle Rechte vorbehalten

Bücher aus der Verlagsgruppe Styria gibt es
in jeder Buchhandlung und im Online-Shop

Lektorat: Nicole Richter
Coverentwurf: Maria Schuster
Cover- und Buchgestaltung: designation – Jürgen Eixelsberger
Druck und Bindung: Finidr
Printed in the Czech Republic

7 6 5 4 3 2 1

Inhalt

Vorwort

Wenn ich an Kroatien denke und meine Augen schließe, dann sehe ich das Karstgebirge der Küste, die Inseln, die romantischen Städte, die Marinas, Dubrovnik und das blaue Meer vor mir, über das die Jachten gleiten. Millionen von Touristen zieht es hierher, und Arbeitssuchende, die in nur drei Monaten das Geld für ein ganzes Jahr verdienen möchten. Über drei Millionen Kroaten leben in Zagreb, im Norden und in Zentralkroatien. Eine Million lebt an der Küste, Tendenz steigend. Dabei hat Kroatien viel mehr als Hotels, Pensionen und Apartments an der Adria zu bieten.

Kulturell wurden die Kroaten stark von ihren Nachbarn beeinflusst: von den Venezianern, den Ungarn und den türkischen Kolonisten. Aufgrund ihrer sportlichen und kriegerischen Talente standen sie über tausend Jahre lang im Sold aller Heere Europas, und bei Bedarf auch im Sold der Osmanen. Sie verehren ihre Helden immer noch, sind auffallend katholisch und patriotisch. Als ich mich auf der Insel Olib vor Zadar niederließ, wog das blaue Meer, die salzhaltige Luft, der Duft der blühenden Wiesen im Frühjahr, die Freude am Fischen im Herbst, die Frische der Bora im Winter und der Spaß am Bootfahren mein Bemühen um Integration auf, die sich nur zögernd einstellen wollte. Anders war es in Zadar, wo sich das Bürgertum auch während der fünfzig Jahre sozialistischer Diktatur nicht unterkriegen ließ. In Zadar fand ich sofort Kontakt und Freunde fürs Leben, allen voran Nives Kozulić, Architektin und weitblickende Leiterin der Stadtplanung. Bei den „Löwinnen" im Lions Club lernte ich die Journalistin Davorka Mezić kennen, der es gelang, mit den „Zadranke", der ersten Frauen-Klapa, bestehend aus sieben Sängerinnen, am Festival in Omis in eine Männerdomäne einzubrechen, was man ähnlich bewerten darf wie die Aufnahme von

Frauen bei den Wiener Philharmonikern. Davorka macht mich mit dem prominenten Kulturjournalisten und Autor Veljko Barbieri bekannt, der mich davon überzeugen konnte, dass die kroatische Küche mehr zu bieten hat als nur Grillfisch, Spanferkel und Ćevapčići. Auf einigen Reisen begleitete mich der Fotograf Arnold Pöschl, nach Slawonien fuhr ich ohne ihn. Das Interesse für den magyarischen Teil Kroatiens zwischen Donau, Drau und Save, in dem die Operetten Lehárs beheimatet sind, ist – einer Politik folgend, die den Osten ignoriert – mäßig. Istrien widme ich nur ein schmales Kapitel, wofür ich mich entschuldige. In meinen Augen ist es, obwohl zu Kroatien gehörend, etwas ganz Eigenes. Tipps für die Grenzregion zu Bosnien und Serbien bekam ich vom österreichischen Agrarattaché Christian Brawenz, mit dem ich zu Standorten der kroatischen Holzindustrie und in die prächtigen Tannenwälder der Lika unterwegs war. Im Restaurant „Kornat" in Zadar lernte ich eine Dame aus Venedig kennen, deren Familie 1945 von den Kommunisten enteignet wurde und keinen Quadratmeter ihres ehemaligen Eigentums zurückbekam. Das Gespräch mit ihr weckte meine Neugier auf den Werdegang von Josip Broz „Tito". Das jüdische Zagreb brachte mir die liebenswerte Ruth Dajić nahe. Was die Inseln angeht, so wählte ich den unbekannten Archipel von Zadar aus, wo der Tourist noch nicht König ist. Gott sei Dank! *Hvala Bogu,* wie die Kroaten sagen.

Friederun Pleterski

Brodetto mit Barbieri

Von Dubrovnik nach Makarska

Veljko Barbieris bekanntester Roman „Epitaph eines königlichen Feinschmeckers" erzählt vom Widerstand eines Gourmets gegen autoritäre Herrschaft, der Roman war in der Tito-Ära verboten. Im Krieg zwischen 1991 und 1995 verteidigte der Nachkomme einer Adelsfamilie aus Trogir als Major der Armee Kroatien gegen die Angriffe serbischer Barbaren. Heute ist Barbieri ein Fernsehstar, der sein Publikum dazu anregt, die regionale kulinarische Alltagskultur Kroatiens zu entdecken. Studiert hat der polyglotte Weltbürger Archäologie, akribisch gräbt er die Geschichte der Speisen und ihrer Zubereitungen aus, präsentiert sie volkstümlich und trägt wesentlich zur Identitätsbildung der Kroaten bei. Er lebt sowohl in Zagreb wie auch am Meer, er verfasst Kolumnen und ist als Gourmetkritiker tätig.

~

„Wissen Sie, wie man ein Brodetto kocht?", fragte er mich. „Es ist das einfachste Gericht unseres Küstenlandes. Und doch das Komplizierteste, weil es viel Gespür braucht. Wenn Sie einverstanden sind, möchte ich mit Ihnen demnächst ein Brodetto kochen!" Wir waren im „Nautika" in Dubrovnik, das Restaurant ist bei amerikanischen Filmproduzenten, arabischen Scheichs und russischen Oligarchen sehr beliebt. Es liegt vor den Toren der Stadt. Wir saßen auf der oberen Terrasse, wie in einer Loge. Wir blickten auf das offene Meer, linker Hand die Stadtmauer und der Bokar-Turm, rechter Hand die Festung des heiligen Laurentius, Lovrijenac, die seit neunhundert Jahren

Blick auf die Stadt und die Adria aus dem Restaurant „Nautika"

über die Stadt wacht. Nachdem die Venezianer Dalmatien erobert hatten, wollten sie die Festung ausbauen, um von ihr aus Ragusa, wie Dubrovnik damals hieß, im Auge zu behalten. Doch während sie unterwegs waren, um Baumaterial zu holen, schnappten sich die Ragusaner den Hügel, bauten die Festung aus und bewachten sich siebenhundert Jahre lang selber. Auf Lovrijenac spielte man, in Friedenszeiten, gerne Theater. Shakespeares „Hamlet"

Auf der 1940 Meter langen Stadtmauer

etwa. Ich könnte mir auch eine Inszenierung des „Fliegenden Holländers" vorstellen, gleich unten am Meer. Oder der „Piraten der Karibik" als Musical. „Game of thrones", eine erfolgreiche amerikanische Serie, wurde hier tatsächlich gedreht.

Der Wind bewegte die Tischtücher, kühlte die Speisen, Barbieri und ich saßen nebeneinander bei Tisch. „Von hier aus möchte man lossegeln", sagte Barbieri und ermunterte mich zu einem weiteren Glas Chardonnay. Er und die Gruppe Juroren, die mit dem Rücken zum Meer speisten, waren hier, um das Essen, und nicht den Ausblick zu bewerten. Sie prosteten mir zu, ich dankte der hochkarätigen Runde für die Einladung.

Als der Široko zwischen dem Hauptgericht und dem Nachtisch zunahm, um sich zu einem Sturm auszuwachsen, fühlte ich mich so beflügelt, dass ich es wagte, in aller Offenheit den Juroren mitzuteilen, dass die geplante Vergabe von neun aus zehn Punkten für dieses Lokal übertrieben sei. Die Muschelsuppe war versalzen, Hummer und Schupfnudeln passten nicht zusammen, die Balsamico-Ornamente auf den Tellern waren überflüssig und erst die Grissini! Ich wandte mich an Barbieri: „Die Grissini sind nicht hausgemacht! Sie sind alle gleich und schmecken wie die aus dem Supermarkt!" Aaahh, was für eine Unhöflichkeit! Ich hätte mir den Mund in jenem Moment, als der Satz meine Lippen verließ, mit Grissini zustopfen sollen. Aber, zu spät. Ich war Gast, sollte mich wie ein Gast benehmen und hätte es schon vom Vorabend wissen müssen, dass man alles, was kroatisch ist und von Barbieri empfohlen wird, nicht kritisieren darf. Er reagierte urplötzlich: *Odmah,* das „h" spricht man wie „ch" aus. Er stand auf und befahl: „Kommen Sie mit. *Odmah.*" Auf dem Weg in die Küche sagte er, die Grissini seien s e l b s t v e r s t ä n d l i c h hausgemacht. Widerrede zwecklos. Mir war dies äußerst unangenehm. Barbieri berichtete dem Geschäftsführer von meinem Verdacht, die Grissini wären zugekauft. „Keinesfalls", sagte der Angesprochene, „sie sind es nicht. Wir machen doch alles selbst." Er holte den Chefkoch, einen sympathischen jungen Mann, auch dieser bestätigte die Eigenproduktion, allerdings wäre die Bäckerei unten im Souterrain, und zugeben müsse man, mehrere Bäcker des Orts mit in die Erzeugung von Grissini und anderem Backwerk einzubinden. „Zu viele Gäste, wissen Sie." Die eigenen Bäckereien, das war es. Ist doch klar. Jede Bäckerei macht ihre Grissini selber. Fragt sich nur, auf welche Art. Ich dachte an die Grissini von Frau Trabelsi im „La Torre" in meiner kleinen Heimatstadt St. Veit an der Glan, mit welcher Liebe und Kunstfertigkeit die gedreht, gezogen und gebacken werden. Zehn verschiedene Sorten, eine besser als die andere. Ich dachte auch an Frau Trabelsis Branzino in der Salzkruste, verglich ihn mit dem Branzinofilet im Nautika und vergab meine Punkte, zehn für La Torre, und nur sieben für das Nautika. Die Bewertung behielt ich still für mich. Es ging mich schließlich nichts an. Die Juroren verteilten ihre Punkte unter den besten kroatischen Restaurants und nicht an Restaurants in Österreich, die kennenzulernen ihnen vielleicht gut täte. Man schaut in Kroatien ungern über den Tellerrand.

„Halt dich zurück", sagte ich mir, „wir sind Gäste." Wir, das waren Arnold, der Fotograf, und

Friederun
Pleterski und
Veljko Barbieri

11

Aaahh, was für eine Unhöflichkeit! Ich hätte mir den Mund in jenem Moment, als der Satz meine Lippen verließ, mit Grissini zustopfen sollen.

ich. Wir waren zu unserer größten Zufriedenheit untergebracht worden. Von wem? Von Barbieri natürlich. Unser Quartier befand sich im Studentinnenheim des Klosters Sveta Marija Krucifiksa an der Ivana Kukuljevića gegenüber dem Hotel Imperial Hilton. Es ist ein Geheimtipp, der es mit diesen Zeilen nicht mehr ist, und nicht sein soll, denn voll besetzt, wie die zehnmal so teuren Apartments und Pensionen, von den Hotels ganz zu schweigen, war dieses Kloster nicht. Dafür ruhig. Mit Garten. Mit Innenhof, Strand und einem eigenen Parkplatz. Und das mitten in Dubrovnik. Die Schwester Pförtnerin, in glaube sie hieß Anđela, bleich, streng und hager, hatte uns gleich nach unserer Ankunft die Schlüssel überreicht, mit der Bitte, ab zehn Uhr am Abend auch die Haustür zuzusperren. Wir hatten uns rasch umgezogen und waren direkt ins Nautika geeilt, nun wollten wir uns Dubrovnik ansehen. „Erlauben Sie", fragte ich Barbieri, der alles so fürsorglich für uns vorbereitet hatte, „dass wir uns verabschieden. Wir möchten uns ein wenig in der Stadt umschauen." „Aber gerne", sagte er, er brauche jetzt ohnehin seine Siesta, die werde bis acht Uhr am Abend dauern, dann stünde er wieder zur Verfügung. „Wissen Sie", sagte die Jurorin, die mir gegenüber saß, sie war im Hauptberuf leitende Bankangestellte, „wir Dalmatiner lieben unseren Mittagsschlaf. Nach drei Uhr am Nachmittag läuft bei uns nichts mehr. Wir sind ein mediterranes Völkchen." „Zwanzig Uhr. Treffpunkt vor dem Nautika. Military speaking." Barbieri stand stramm. Ich salutierte, und schon waren wir weg.

„Wir Dalmatiner lieben unseren Mittagsschlaf. Nach drei Uhr am Nachmittag läuft bei uns nichts mehr. Wir sind ein mediterranes Völkchen."

Wir trennten uns bald. Ich wollte Arnold seinem Blick auf Dubrovnik überlassen, ich den meinen genießen. Er führte mich zuerst auf die Stadtmauer, von der aus ich die Stadt von oben betrachtete, es war alles anders als damals in den 1970er-Jahren, als die Dächer noch mit von Hand geschlagenen Mönch- und Nonnenziegeln gedeckt waren, die in den verschiedensten Grau- bis Rotschattierungen, mit Flechten und Moos bewachsen, aus den Dachflächen eine lebendige Dachlandschaft machten. Heute wirkt diese steril. In jener Zeit war ich mehrmals in Dubrovnik auf Urlaub. Man durfte ungeniert „oben ohne" baden, an vielen Orten auch ganz nackt, was im prüden Italien gegenüber

Bei den Luftangriffen durch die jugoslawische Volksarmee im Dezember 1991 wurden die bunten Ziegel der alten Dächer zerstört. Die neue Deckung ist etwas eintönig. Ob die charmante Patina je wiederkehrt?

Dubrovnik,
eine Stadt als
Kunstwerk.
UNESCO-Weltkul-
turerbe seit 1979.

15

nicht erlaubt war. Es waren schon viele Schwule hier, als Schwulsein im fortschrittlichen Westen noch strafbar war.

Ich besuchte die „War Photo"-Galerie, in der Bilder aus den Wochen der Belagerung durch die jugoslawische Armee ausgestellt sind. Es sind Aufnahmen, die Elend und Not ästhetisieren, was nicht jedermanns Geschmack ist. Es sollte später noch heiße Diskussionen über Krieg und Frieden mit Barbieri geben. Die Galerie ist es wert, besucht zu werden.

Die Stadt selbst ist zur Kulisse geworden, hinter der nur noch fünfhundert Menschen ständig wohnen. Vor dem Krieg waren es noch fünftausend, in der guten alten Zeit, vor dem Ersten Weltkrieg, zwanzigtausend, so viele hatten in den Wohnungen innerhalb der Festung Platz. Japanische Touristen scheinen die Stadt besonders zu mögen. Arnold machte mich auf die Kameras aufmerksam, mit denen sie sich vor barocken Zisternen und Renaissanceportalen fotografierten. Er sagte, so eine Kamera koste fünftausend Euro. Auf den *Stradun* brannte die Sonne, in einem Geschäft kaufte ich einen hübschen Strohhut, in einer Buchhandlung zwei Bücher über den Balkankrieg, ein Eis dort, wo die Menschen Schlange standen, das musste wohl gut sein, war es aber nicht, danach ging ich erschöpft ins Kloster zurück. Das Zimmer hat ein schönes Bad, eine Küchenzeile, drei Betten, alles in Weiß, ein Kruzifix an der Wand. Ich duschte, zog mich um. Um acht wollte ich hübsch und frisch sein, man sollte einem Ort, den man besucht, Respekt erweisen und Barbieri sollte sich für mich nicht genieren müssen. Am Nachmittag hatte ich grölende Touristen männlichen Geschlechts beobachtet, die mit nackten und geröteten Oberkörpern Bierdosen schwingend durch die Altstadt torkelten. Ich hatte aber auch bemerkt, wie elegant die Verkäuferinnen in den Geschäften waren, blasse Schönheiten, meist mit schwarzen, langen Haaren, schlank, gut angezogen und perfekt Englisch sprechend. Arnold sprang noch ins Meer, ich leistete Schwester Anđela Gesellschaft, fragte sie über den Orden aus, sie sagte, er verzeichne passablen Zuwachs, aus einer Glasschüssel nahmen wir uns Kirschen, die aus dem Garten ihrer Mutter kamen. Der Orden habe nun ein weiteres Grundstück erworben, um auf diesem ein neues Studentinnenheim zu bauen, es werde viel schöner als dieses sein, im Stil „wie in Hollywood". Im Fernsehraum, in dem ein paar Studentinnen lümmelten,

Die Stadt selbst ist zur Kulisse geworden, hinter der nur noch fünfhundert Menschen ständig wohnen.

17

Der Stradun, weltberühmte Flaniermeile

lief im Fernsehen eine beliebte indische Pascha-Serie aus Bollywood, mit kroatischen Untertiteln.

~

Wir trafen Barbieri vor dem Nautika, der Rundgang durch die Stadt wurde emotional und der Vergangenheit verpflichtet, die sich auf einen Satz reduzieren lässt: Kroatien war tausend Jahre lang ein Land des Westens, bis es den Serben einfiel, Jugoslawien zu gründen und Kroatien zu unterdrücken. Sich der Gegenwart zuwendend, zählte Barbieri auf, wer aller am Stradun eine Bleibe hat, die er nicht nutzt. Knapp nach dem Krieg startete der Immobilienboom. Ich merkte mir das Haus von Oprah Winfrey, der amerikanischen Quotenqueen. Die Fensterläden waren alle zu. Abends ist es in der Altstadt sehr laut, überall spielen die Bands, die Menschen tanzen zu Latino und italienischen Rhythmen und zeigen, was sie im Tanzkurs gelernt haben. „Also, ich möchte hier nicht wohnen", sagte ich, „und auch keinen Palazzo besitzen." „Man verkauft nicht, was seit Generationen in der Familie ist", war Barbieris Antwort. Er besitzt selbst an den schönsten Orten Dalmatiens, in Hvar, Makarska und Trogir, von den Häusern seiner Vorfahren je ein Stückchen, ein Zwanzigstel hier, ein Zwölftel dort. So ist es hier eben. Die Familie ist wichtig, nicht das Geld. Er zeigte auf eine kleine Apotheke, der Rolandsäule gegenüber, von der ein ideelles Teilchen immer noch seines ist. Es war einmal die Apotheke seines Großvaters. Im Mai 1945 kamen ein paar Männer in das Lokal, klopften dem Apotheker auf die Schulter, und sagten, komm mal kurz mit. Er kam nie wieder zurück. Er wurde auf die kleine, der Stadt vorgelagerte Insel Daksa gebracht und mit zweitausend anderen Bürgern von den Partisanen erschossen. „War er bei der Ustaša?" Ein Kollaborateur der Nazis?" „Nein. Sein einziges Verbrechen war, dass er ein Bourgeois war."

Er zeigte uns die Nebengassen, die Lokale, eines gehört seinem Freund, der 1962 den europäischen Songcontest fast gewonnen hätte. Eine Crossoverband war es, die zur Zeit der Beatles alte dalmatinische Lieder in Rockmusik verwandelte. Man machte Musik, spielte Theater, war künstlerisch tätig. Als Künstler durfte man reisen und unter dem Deckmantel der linken Boheme ein Bourgeois bleiben. „Verstehen Sie mich nicht falsch", sagte der 1950 Geborene, „ich wäre damals, obwohl ich aus einer adeligen Familie stamme, wie mein Vater zu den Partisanen gegangen, weil es für einen Intellektuellen fast keine andere Möglichkeit gab. Doch was danach geschah, hätte mir die Augen geöffnet." Barbieris Vater brachte sich als Auslandskorrespondent in Sierra Leone und in Mexiko durch, wo auch der Sohn jahrelang lebte, weshalb er gut Spanisch spricht. „Yo también", sagte ich, wir wechselten ins Spanische, was Arnold ausschloss, nach ein paar Sätzen kehrten wir zu unserem EU-Englisch zurück.

„Wenn Sie dort hinaufschauen", Barbieri wies mit dem Arm in die östliche Richtung, wo man den Gipfel des nahen und kahlen Berges Srd sah. „Von dort oben haben die Barbaren auf die Stadt geschossen, die zu ihren Füßen lag. Durch Jahrhunderte war kein Nachbar oder Feind auf die Idee gekommen, Dubrovnik etwas anzutun. Dafür garantierte die Stadtpolitik. Sie zahlte an alle Nachbarn Tribut, bestach Fürsten und Beamte, Türken, Venezianer und Seeräuber, sie kaufte sich immer frei, mit Erfolg. Bis es am 6. und 7. Dezember 1991 zu den Napalm-Angriffen kam. „Wir werden Dubrovnik wieder aufbauen, älter und schöner." So hatte es der serbische Führer seinen Soldaten versprochen. „Älter und schöner?" „Ja, Sie hören richtig."

Barbieri hatte sich schon im Nautika als nationalbewusster Kroate geoutet. Im Exil habe er begriffen, dass seine Heimat Kroatien ist. Tito danke er es noch heute, dass dieser die wehrpflichtigen jungen Männer Jugoslawiens für zwei Jahre in die Kasernen steckte. In dieser Zeit lernten sie ihr militärisches Handwerk, diese Ausbildung hat ihnen später dabei geholfen, ihr Land

Zur Republik Ragusa gehörten auch die nahen Inseln.

19

erfolgreich zu verteidigen. Vor Franjo Tudjman, dem in jeder Stadt Kroatiens ein Platz, eine Hauptstraße oder, wie vor Dubrovnik, eine Brücke, die „Dr. Franjo Tudjmana", gewidmet ist, zieht er den Hut. Und den kroatischen Volkshelden, Feldherrn und Ex-Angeklagten des Europäischen Gerichtshofes in Den Haag, Ante Gotovina, schätzt er als fairen Militär. Barbieri war in Gedanken ganz in den Krieg eingetaucht und hatte uns völlig vergessen. Sein Jetzt war woanders. Eine Granate hatte ihm einen Teil seines Beins zerfetzt und seine Schulter verletzt, sie flickten ihn zusammen, an den Folgen, die in Schüben auftauchen, leidet er immer noch. Das Land dankte es ihm mit einer Rente, von der man nicht leben kann, doch mit seinen Büchern, den Artikeln und den Kolumnen, die er international publiziert, und mit seinen Lokaltests verdient er zufriedenstellend. Die Erinnerung an die Kämpfe, an die Freunde, die starben, an die alten Kameraden aus der jugoslawischen Armee, die plötzlich auf der anderen Seite zu finden waren, bekommt er nicht aus dem Kopf. Ihm zuzuhören war, als hörte ich meinem Vater zu, wenn er aus dem Zweiten Weltkrieg berichtete. Doch hier ging es um einen Krieg, der vor zwanzig Jahren stattfand. Ich hatte diesen Krieg ziemlich teilnahmslos aus dem sicheren Österreich verfolgt, beim Abendessen in der „Zeit im Bild" die weinenden Frauen, die verzweifelten Väter und blutverschmierten Kindergesichter gesehen, und bedauert, nicht nach Jugoslawien zum Baden und Sonnen reisen zu können. „Sie wissen gar nichts", sagte Barbieri. „Sie haben gar nichts verstanden. Wie können Sie nur ein Buch über Kroatien schreiben?"

~

In einer schmalen Gasse nahe der Kirche des heiligen Ignaz war es etwas ruhiger. Es roch nach Katzenurin. Die beiden Männer rochen nichts. Wir waren in Sichtweite einer Sushi-Bar, ich wollte des Geruchs wegen umdrehen. Doch der Wirt, ein fescher Mensch in Lederjacke, hatte uns schon erspäht. „Werden Sie Gourmetkritikerin", sagte Barbieri. „Sie haben eine feine Nase." „Nein, werde ich nicht. Ich würde in einer Woche zehn Kilo zunehmen." „Wir bleiben auf ein Gläschen", sagte Barbieri. Ich passte. Pošip, der Weißwein aus Korčula, den alle so loben, mundet mir nicht. Der Wirt wies uns ein Plätzchen im Katzenpissoir an. Der Kellner brachte kühlen Weißwein, Žlahtina, aus Krk. Den mag ich. Barbieri kann Gedanken lesen.

Das aufdringliche rot-weißrote Schachbrettmuster soll wohl zeigen, wer jetzt Herr in Dubrovnik ist.

Austernbänke vor
Mali Ston liefern
die Delikatesse.

Ein Lüftchen kam auf, dann ein plötzlicher Windstoß von der Meeresseite. Er fegte die letzten homöopathischen Dosen des Katzenurins hinunter zum heiligen Blasius, Sveti Vlaho, dem Schutzpatron der Stadt, der sich meiner Nase erbarmt hat. Der Wirt zog seine Lederjacke aus und legte sie mir über die Schultern. Höflich sind sie hier, dachte ich. Immer noch die alte Ragusaner Schule. „Ob wir ein paar Häppchen speisen möchten? Austern? Sushi?" „Oh, gerne", sagte ich. „Sushi." „Sushi?" Barbieri schaute verächtlich. „Sushi ist nicht von hier. Von hier sind die Austern. Sie sind aus Ston. Dort sind Sie ja gestern gewesen. Es sind die besten Austern der Welt. „Ja, aber ich esse gerne Sushi. Und ich bin überzeugt, dass die alten Ragusaner, hätte eines ihrer Schiffe Japan erreicht, Sushi in die ragusanische Speisekarte integriert hätten." Arnold, dem ein vegetarischer Snack lieber gewesen wäre, entschied sich für Austern. Er hatte sie am Vorabend in Ston zum ersten Mal in seinem jungen Leben probiert und für genießbar befunden. Er hatte sie in Gesellschaft unseres Zimmervermieters geschlürft, der sich als einfacher Mann des Volkes gab und behauptete, täglich zwanzig Austern zu essen, deshalb sei er so stark. Ich verweigerte, weil ich keine lebenden Tiere esse, die ich mit Zitronensaft beträufle, um sie danach auf die Reise durch meine Magensäure zu schicken. So bekam ich ein köstliches Sushi und die Herren ihre Meeresfauna. Als uns der Chef des Hauses etwas später gebackene Austern servierte, griff auch ich zu. Sie schmeckten wie gebackener Parasol.

„Sushi ist nicht von hier. Von hier sind die Austern."

Wir unterhielten uns über Ston, wo wir eigentlich nicht hatten übernachten wollen, aber wie der Zufall so spielt rief ich, als wir uns auf der Autobahn in der Nähe von Split befanden, Barbieri an, um mit ihm den geplanten Interviewtermin in Cavtat festzulegen. „Wo sind Sie jetzt?", hatte er sich freundlich erkundigt. „Und wo werden Sie übernachten?" Ich sagte, dass wir schon etwas finden werden, Orebić wäre gut. Ich wollte unbedingt aufs Grgić-Weingut. „Warum Grgić?" „Nun ja. Ich habe Mister Miljenko Grgić in Kalifornien getroffen, wo er von seinem Weingut am Pelješac schwärmte." Barbieri meinte, Grgić mache gute Weine, aber keinen Spitzenwein. Den würden andere produzieren. Orebić ist zu weit weg. Dort fährt man nur hin, wenn man nach Korčula will." Er gab mir die Telefonnummer einer Zimmervermieterin in Ston. Wir kamen spät an, Arnold hatte auf der Fahrt zu viele Motive gefunden, zu malerisch ist die dunkle, dramatische Küste mit ihren Inseln und Bergen. Das Meer war wie aus Quecksilber, an seiner Oberfläche zeichneten sich die Felder der Austernzucht ab, mit der schon die alten Römer hier begannen. Das Wasser, die Strömung, die Temperatur in Mali Ston, dem „kleinen Ston", sind ideal. In Ston gewannen sie Salz. Die Ragusaner verbanden dann beide Städte mit einer Mauer, sie ist gut erhalten und nach der chinesischen Mauer die zweitlängste begehbare Mauer der Welt. Wie ein Band zieht sie sich über den Hügel. Sie bildete die Grenze der Republik Ragusa gegen das osmanische Bosnien, dem Ragusa ein Stück Land mit Meereszugang schenkte: Neum. Ragusa wollte nicht an seinen Erzfeind Venedig grenzen. Bis heute gehört Neum zu Bosnien, die Region Dubrovnik ist nicht mit Kroatien verbunden. Wegen der doppelten Schengengrenze und der zu erwartenden Zollkontrollen auf einer Distanz von nur fünf Kilometern fordert Kroatien nun von der EU eine Autobahnbrücke über die Neum-Bucht auf den Pelješac, ein Prestigeprojekt, bei dem sich die EU nur mit fünfundzwanzig Prozent beteiligen will. Kroatien hat selber kein Geld. Könnte man da nicht ein paar Jahre warten? Bis Bosnien EU-Mitglied ist? Neunzig Prozent der in Neum lebenden Bosnier outen sich schon jetzt als Kroaten. Gerüchten zufolge sind die Türken als Investoren für die Brücke im Spiel, eine Brückenmaut ließe sich einnehmen. Die Türkei ist mittlerweile, nach Österreich, stärkster Investor in Kroatien, interssiert an allem, was am Meer liegt, Jachthäfen bevorzugt. „Es ist schon erstaunlich", murmelte ich vor mich hin, „wie sehr man sich in Kroatien an der nationalen Eigenständigkeit labt, nichts investiert und die Hypo-Millionen in die Karibik verschiebt." Nach dem Krieg, noch in der Tudjman-Ära, floss viel Geld statt in die Substanz in den schönen Schein, zum Beispiel in Hochglanz-Magazine und Reiseführer – in allen Sprachen unlesbar. Praktische und vor allem kritische Reiseführer ausländischer Herkunft werden auch heute noch weder in Souvenirläden, noch in Buchhandlungen oder im „Tisak" verkauft. Wer Kritiken lesen will, schaue deshalb ins Internet. Ein Beispiel aus dem dunkelblauen, goldverbrämten Kulturführer „Dubrovnik" gefällig? Ich könnte jede beliebige Seite aufschlagen, hier die Seite 35: *Placa/Stradun. Es ist der kommunale Hauptraum von Dubrovnik und sicher ein beliebter Aufenthaltsort der*

In Ston mischen sie den besten Wein mit Wasser, das heißt dann Bevanda und ist Tradition.

Bürger von Dubrovnik.(...) Das Wort Placa stammt vom alten griechischen und römischen Begriff Platea was als Straße übersetzt wird. Die weitere Benennung Stradun rührt von den Venezianern her und bezieht sich ironisch auf eine große Straße – es ist ein Augmentativ. Das gegenwärtige Aussehen erhielt die Placa nach dem großen Erdbeben 1667 nach dem Dubrovnik rasch aus dem Schutt stieg."

~

Der Weinbrand „Rakija" ist die Basis für Kräuterliköre.

„Waren Sie mit der Unterkunft in Ston zufrieden?", wollte Barbieri wissen. Er hatte schon zwölf Austern mithilfe von Zitronensaft ermordet. „Ja, sehr", sagte Arnold und schenkte sich Wasser nach. Er hatte in Ston mit unserem Gastgeber etwas mehr Zeit als ich bei Austern und Bevanda verbracht. In Ston mischen sie den besten Wein mit Wasser, das heißt dann Bevanda und ist Tradition. Ich lobte die Vermieterin, sie hatte für unsere Ankunft eine ganze Palette an selbst erzeugten Likören als Willkommensgruß vorbereitet. Sie waren in Flaschen abgefüllt, der Nachschub reifte in großen, mit Kräutern, Früchten, Wurzeln und Rakija gefüllten Gläsern. Eine reizende Katze hatte uns als Willkommensgruß eine Maus gebracht. Ich suchte mir den Rosenlikör aus, Arnold einen mit Bockshörndln, den mit Myrte kosteten wir auch. Dazu servierte der Hausherr warme Zucchini-Reinkerl, auf Hochdeutsch Zucchiniplätzchen. Dicht und in Terrassen an die Mauer gedrängt wuchsen Zitronen, Orangen, Kiwis und Weichseln den Hang hinauf. Danach brachte die Hausfrau eine Schüssel reifer Pflaumen aus dem Garten ihrer Tante, sie sagte, das Klima in Ston sei göttlich, sie wolle von hier nie weg, so wunderbar lebt es sich da. Man vermiete mehrere Apartments, die in dem Städtchen verstreut sind, damit käme man gut durch. Ston und Mali Ston sind schicke, nicht überlaufene Lokalitäten. Viele Häuser wurden während des letzten Erdbebens völlig zerstört. „Erdbeben? Wann?" „1996." Das war mir entgangen. Ich konnte mich daran gar nicht erinnern. „Es dauerte nur vierzig Sekunden", sagte sie, „aber wir dachten, jetzt kommt der Weltuntergang." Ihre Häuser an der Stadtmauer waren unversehrt geblieben. Später, als wir durch Ston spazierten, sahen wir noch einige Ruinen, malerisch von Oleandern und Kapern überwuchert. „Hinter jeder Mauer ist auch ein Garten", erklärte sie. „Gemüse und Obst brauchen wir nie zu kaufen."

Als ich das Weingut Grgić erwähnte, wo wir doch am nächsten Tag hinwollten, hob der Hausherr etwas erstaunt die Brauen. „Grgić? Miloš, Vukas, Ledinić, die sind besser. Der Allerbeste ist der „Dingac grand cru" von Milečič, aber der ist zu weit weg. Fahren Sie zu Ledinić, das Weingut ist in der Nähe." Er arrangierte unseren Besuch für den nächsten Morgen früh um acht. Wir machten uns ohne zu frühstücken auf den Weg. In einem kleinen Tal, fünfzehn Kilometer außerhalb von Ston, fanden wir das empfohlene Weingut. Es hatte in der Nacht stark geregnet, nun glänzten die Regentropfen auf den hellgrünen Blättern der Weinstöcke in der Morgensonne, die knorrigen Stämmchen der Pflanzen waren schwarz, ein erfrischender Anblick. „Der Wein wird nicht so gut heuer", sagte Herr Ledinić, der so früh am Morgen noch etwas zerknittert wirkte. „Es hat zu viel geregnet."

Er baut ausschließlich Plavac-Mali-Trauben an. „Vor dreißig Jahren war hier noch fast alles Brachland. Meine Eltern kultivierten nur wenige Terrassen Wein für den Eigengebrauch." Er selbst hatte dann, mit der Hilfe von Arbeitern aus Bosnien und mit seinen eigenen Händen, damit begonnen, die Steine aus dem Boden zu schlagen, sie

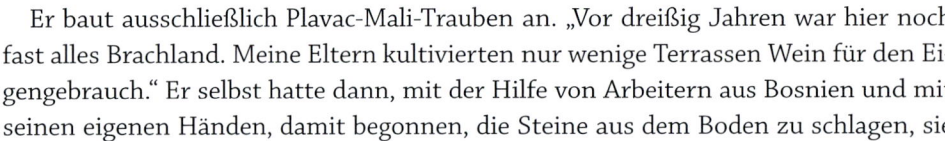

26

zu Mäuerchen aufzuschlichten, sodass Terrassen entstanden. Heute besitzt er zwei Hektar. Genug, um davon leben zu können. Seinen Wein kann man in einer Ausschank neben der Straße kosten und kaufen. Auf einem alten Holztisch stand ein Teller mit getrockneten Feigen. „Möchten Sie Feigen und dazu ein Gläschen Rakija?", fragte er uns. „Den trinken wir hier immer zum Frühstück. Er desinfiziert und gibt Kraft." Wir lehnten dankend ab, die Zähne hatten wir uns schon mit Zahnpasta geputzt. Am Tisch leisteten uns ein Mädchen und ein junger Mann, Gastarbeiter aus Bosnien, Gesellschaft. Sie waren aus Tuzla, woher die meisten Erntehelfer kommen. Sie erzählten von ihren Eltern, die in Tuzla leben. Und von den Muslimen, die sich dort zu sehr vermehren. Vor dem Krieg war noch über die Hälfte der Bewohner Tuzlas katholisch gewesen, heute sind achtzig Prozent der Bevölkerung muslimisch. Alle jungen Frauen tragen Kopftücher. „Dabei sind sie gar nicht gläubig", sagte die Gastarbeiterin in bestem Englisch. „Sie bekommen dafür bezahlt, dass sie ein Kopftuch tragen." Der junge Mann erzählte von den Schwierigkeiten, die ein junges Paar habe, wenn ein Muslim eine Katholikin heiraten möchte. Romeo und Julia in Tuzla. Wie hoch die Arbeitslosigkeit drüben sei, wollte ich wissen. „Dreißig Prozent?" „Fünfzig", sagte er, „oder mehr." Er meinte, Muslime seien nicht so sehr fürs Arbeiten gemacht. Wir ließen die Behauptung im Raume stehen – der sich für mich bald wie Seide anfühlte. Der Winzer schenkte mir ein Gläschen vom Plavac Mali ein, und noch eines. Dazu kaute ich ein paar weiche, getrocknete Feigen. Was für ein Frühstück auf leeren Magen. Arnold versprach, das Steuer bis nach Dubrovnik zu übernehmen.

„Möchten Sie Feigen und dazu ein Gläschen Rakija?", fragte er uns. „Den trinken wir hier immer zum Frühstück."

~

Als Arnold und ich uns am nächsten Morgen noch einmal unter die Touristen mischten, war Barbieri schon längst auf dem Weg ins nächste Restaurant nach Cavtat.

Ich chauffierte Arnold zum Flughafen, er musste zu Mittag in Wien sein. Ich fuhr weiter nach Cavtat und stellte das Auto am großen Parkplatz im Hafen ab, nur Lieferanten dürfen in das Städtchen hineinfahren. Die Nähe des Flughafens, die Nähe zu Dubrovnik, wohin stündlich ein Schnellboot fährt, ein schöner Jachthafen, ein Pinienwäldchen, eine Promenade, viele Cafés, das solide Steinhaus von Thomas Muster, auch andere Prominente sollen hier Hausbesitzer sein. Als letztes Restaurant, unter den Schirmkiefern gelegen, das Restaurant „Galija". Drei in Weiß gekleidete Musiker mit Saxophon, Gitarre, und Klarinette untermalen die Szene mit beschwingtem Jazz zur Lunchtime. Das Gourmet-Team, es war dasselbe wie im Nautika, nippte schon am Glas, ich wurde neben die Schwester des Restaurantbesitzers gesetzt, sie wohne ein paar Häuser weiter oben, Cavtat sei einmal eine Art Sommerfrische mit Landhäusern für die Bürger Dubrovniks gewesen, und das ist es für die wenigen, die geblieben sind, immer noch. Zu ihnen gehöre sie. Sie sagte: „Ich zeige Ihnen gerne mein Zuhause. Kommen Sie!" Wir stiegen die Stufen eines Gässchens hoch, in dem ein Häuschen hübscher als das andere ist. Und jedes mit Garten. Ihr Garten erstreckt sich über drei Terrassen, Gemüse und Obst werden im Schatten größerer Bäume angebaut. „Das ist bei uns anders als bei Ihnen. Bei Ihnen brauchen die Pflanzen Sonne. Bei uns brauchen sie Schatten." Von allem war was da, ein Pfirsichbaum, ein Marillenbaum, ein Kirschbaum, Erdbeeren, Salat, Paradeiser, Artischocken. Auf der Terrasse wächst ein Weinstock aus dem Steinboden und bildet über der Terrasse ein dichtes Dach. „Der Weinstock ist einhundertundsechzig Jahre alt, er trägt immer noch die alte Sorte." Blühendes Gebüsch kriecht am Boden dahin, die Clematis rankt sich bis in die Krone einer Kiefer empor. „Nun müssen Sie zurück. Mein Bruder wird schon auf Sie warten. Ich komme nicht mit." Sie fühlte sich schwach. Fliegt alle drei Monate zur Behandlung nach Wien zu ihrem Arzt. Das eine Wort, vor dem man sich scheut, sprach sie nicht aus, sagte nur: „Man zieht sich, wenn man nicht mehr gesund ist, an den Ort zurück, der einen mag."

~

Mislav Burđelez, der Wirt des Galija – ein beleibter, herzlicher Mann –, weiß, dass er mit seinem Lokal einen Treffer gelandet hat. Die Kellnerinnen sind umsichtig, zurückhaltend, im richtigen Augenblick zur Stelle, sie sind wie Klosterschülerinnen in schwarze Kittel und gestreifte Blusen mit weißen, gestärkten Krägen gekleidet. Ich nippe nur am Wein, gerne hätte ich Wasser, prickelnd und kühl, sage ich zu jener jungen Dame, die für mich zuständig ist. Sie wird in den kommenden drei Stunden nie vergessen, mir diesen Wunsch zu erfüllen, und niemand wird es mer-

Ein ausgewachsener Zubatac (Zahnbrasse) kann bis zu zwölf Kilo schwer werden.

ken, dass ich den Wein nicht anrühre. Mir steht eine lange Autofahrt bevor. Ich soll Barbieri in meinem Auto bis nach Makarska bringen, eine weite Strecke. Diesen Auftrag kann ich nicht ablehnen. Ich will bei klarem Kopf sein.

Als Vorspeise gab es „Meereseier", auf Italienisch heißen sie *tartufi di mare*. Sie sind in der Bucht von Cavtat zu finden, wer sie entdecken will, braucht unter Wasser ein gutes Auge. Die Meereseier sind tennisballgroße, von Algen überwucherte, weiche Muschelkugeln. Ihr Inneres ist gelb wie ein Dotter, von roten Adern durchzogen. Sie enthalten Schwefel und Phosphor, und sie schmecken danach. Man löffelt dieses farbenprächtige Weichtier lebend aus der weichen Schale, ich bemühte mich, richtig zu löffeln, und löffelte und löffelte und tat so, als wolle sich dieser Minikosmos des Höllischen nicht aus seiner Schale lösen. Ich sei eben keine Meerjungfrau, sagte ich zu Barbieri, der mir streng dabei zusah. Ich sei eine österreichische Waldfrau. Im Wald kenne ich mich aus. Zu Hause esse ich zwanzig Arten von Pilzen. Aber Meeresfrüchte! Ich flehte: „Barbieri, haben Sie Mitleid mit mir!" Er hatte, und so beschloss ich, der Fairness wegen ein kleines Eck vom Gelben zu kosten. Deshalb weiß ich, dass Meereseier nach Schwefel und Phosphor schmecken. Auch Barbieris Fotograf hatte mit seinem Dotter lange zu kämpfen, weil sich darin ein winziger Wurm bewegte, den er aus allen erdenklichen Richtungen fotografierte, was den Vorgang des Verspeisens hinauszögerte. Danach nahm er das Ding tapfer in den Mund und verschluckte es mitsamt dem Wurm. Der Hummer, die zweite Vorspeise, stammte aus der Nähe von Cavtat, wie man mich aufklärte. Der Hausherr des Galija meinte, die besten Škampi Kroatiens kämen aus dem Kvarner, der beste Hummer aber aus dem Süden, genauer aus Mljet. Barbieri pflichtete ihm bei und behauptete, er könne, wenn er Škampi esse, sogar sagen, aus welcher Meeresgegend sie sind. Es sei das Meer und die Mikrofauna, es sei die Strömung, die Wassertemperatur, der Gehalt an Mineralien und Salz, all dies könne er herausschmecken. Zu Mislav gewandt meinte er, man solle ihm ein paar Škampi kredenzen, um ihn zu testen, und zwar unverzüglich. Odmah. „Woher, mein Lieber, soll ich jetzt Škampi aus dem Kvarner zaubern?", fragte der Wirt. Es sei unmöglich. Aber er warnte: beim nächsten Mal müsse Barbieri den Beweis antreten. Als Beilage zum Hummer gab es Ravioli aus Buchweizenmehl, das aus

„Woher, mein Lieber, soll ich jetzt Škampi aus dem Kvarner zaubern?"

Wild gefangener oder gezüchteter Brancin? Erst beim Essen merkt man den Unterschied.

den Bergen an der Grenze zu Bosnien stammte, nichts Besonderes, aber sehr authentisch. Ich beugte mich zu Barbieri und flüsterte: „Das Galija verdient einen römischen Zehner." Barbieri nickte, es sei tatsächlich eines der drei besten kroatischen Restaurants.

In der Soße lagen kleine Fleischstückchen, wie von grob Faschiertem. „Das sind ..?" „Seeigel!" Na bitte. Gekocht habe ich schon so manches gegessen, von dem ich nicht wusste, was es war. Um die Ravioli für das Foto attraktiv zur garnieren, verlangte der Meister vom Wirt nun ein lebendiges Tier. Der verschwand in der Küche und kam nach wenigen Minuten mit einem gekappten Seeigel zurück. Wie kleine Mandarinenspalten lagen die orangebraunen Fleischstückchen in den Falten der Schale. „Sie müssen eines kosten." Ich wagte. Das Fleisch war zart und schmeckte nach Jod. Der gegrillte Fisch, der als nächster Gang serviert wurde und von dem ich vergessen habe wie er hieß, war gut. Aber nicht so gut wie der chilenische Brancin, den ich in San Francisco bei Tadich aß. Mit dieser Bemerkung traf ich Barbieris wunden Punkt. „Wir sind nicht in Amerika, sondern wir testen bodenständige kroatische Lokale, und morgen will ich Ihnen zeigen, was ein richtiges dalmatinisches Brodetto ist. Morgen, in Makarska. Ich habe es Ihnen schon gestern versprochen. Sie haben doch Zeit, noch einen Tag zu bleiben?" Ich antwortete, beglückt, mit „ja" und hoffte auf baldigen Aufbruch. Aber wir mussten noch lange sitzen bleiben. Der Koch wollte die Rezepte bringen, die Runde noch Weine verkosten, und so wurden noch viele Gläser vom Malvazija eingeschenkt. Der Wirt saß mittlerweile neben Barbieri, die Musikanten hatten ihre Instrumente eingepackt, der Gitarrist schenkte mir drei CDs, danach musste er zum Zahnarzt. Die Juroren beschlossen, Barbieri müsse mit mir am Weg noch Aale und Frösche speisen, sie lachten. „Frösche verspeist man doch nicht mehr, sie stehen unter Naturschutz", sagte ich. „Ach ja?" Sie saßen alle noch wie festgenagelt am Tisch. Hier ein Glas von diesem, dort ein Schlückchen von jenem. Ich hatte kein Sitzfleisch mehr, ich wollte nach Hause, auf die Insel, nach Olib, heim zum einfachen Leben. Ich wollte meinem Nachbarn von der Reise erzählen, und von Barbieri. Als ich nämlich Frane, „Frankie Boy", der die Hälfte des Tages vor dem Fernseher sitzt, verkündet hatte, ich würde bis nach

Dubrovnik reisen, um Barbieri zu treffen, war er von den Socken gewesen. Barbieri ist in Kroatien ungeheuer berühmt, vor allem bei den Pensionisten, Hausfrauen und Arbeitslosen, die schon am Vormittag und am Nachmittag in die Glotze schauen. „Barbieri ist kein Koch", erklärte mir Frane, „er informiert im Fernsehen über kroatische Geschichte, woher die Speisen stammen, und so. Erst kürzlich sagte er, dass das Wiener Schnitzel eigentlich aus Zagreb stammt. Sehr interessant." „Da mach aber einen Punkt", hatte ich Frane geantwortet. „Das Wiener Schnitzel doch nicht." „Na ja", meinte er, „nicht so ganz. Ich glaube, es ging in der Sendung ums Schnitzelbacken und um die Füllung mit Käse und Schinken." Schrieb, speiste und redete er nur oder konnte Barbieri auch kochen? Ich würde es bald erfahren.

~

„Wenn Sie wollen, dass ich Sie sicher und noch vor Mitternacht nach Makarska bringe", sagte ich, „dann müssen wir jetzt los." Wobei ich das „jetzt" betonte. Und, erstaunlich, er folgte. Packte seine Tasche, ging in die Küche, verabschiedete sich dort vom Koch, während der Wirt ein Fahrzeug der amerikanischen Marke „Hummer" startete, es hatte Reifen so hoch wie meine Schwiegertochter, sie ist einen Meter sechsundfünfzig, ein Hummer, das passende Auto für eine Fußgängerpromenade am Meer. Mitten durch die Badegäste, vorbei an Kaffeehaustischen chauffierte er uns, unter Palmen zum Parkplatz, wo mein kleiner Audi in der Sonne schmorte. Ich öffnete die Türen, um ein wenig zu lüften, sagte „warten Sie mit dem Einsteigen", doch Barbieri war schon eingestiegen, um es sich bequem zu machen. Seinen Koffer hatte er neben dem Auto abgestellt, damit wir, ich und der Wirt, das Ding in den Kofferraum hievten. „Ich werde jetzt schlafen", verkündete er und überreichte mir seine ID-Card. „Ich gebe Ihnen hier meinen Pass, den zeigen Sie an der bosnischen Grenze in Neum her, und wenn die Beamten dort fragen, wer der Herr neben ihnen ist, dann sagen Sie einfach, dieser Herr hatte ein paar Gläschen zu viel, sei müde und müsse schlafen." Die Aussicht auf eine angenehme Fahrt war günstig. Doch leider warfen mein Fahrgast und der Wirt

31

„Wenn Sie wollen, dass ich Sie sicher und noch vor Mitternacht nach Makarska bringe, dann müssen wir jetzt los."

Atemberaubender
Ausblick auf die
Halbinsel Pelješac

plötzlich mit Ausdrücken um sich, aus denen ich immer wieder *Brodet* heraushörte. „Noch nicht fahren", sagte der Wirt, „Sie warten hier, bis ich wiederkomme." „Was soll ich machen?", seufzte Barbieri, nun wieder munter. „Er bringt uns einen Hummer. Einen Hummer aus Cavtat. Den besten, den es gibt. Er besteht darauf, dass wir das Brodetto mit dem Hummer machen." Dagegen hatte ich nichts einzuwenden, ich war zwar der Meinung gewesen, dass man ein Brodetto aus kleinen und billigen Fischen, die wenig Gräten haben, zubereitet, aber ich lerne gerne dazu. Wir warteten. Barbieri schlafend im Auto, ich stehend im Pinienschatten. Es verging ein halbes Stündchen, bis ein Mann auf einem Fahrrad auf das Auto zuradelte und Barbieri einen Plastiksack überreichte. Er fasste den Sack und stellte ihn zwischen seine Füße auf den Boden vor dem Sitz. Der Sack tropfte. Er sagte: „Macht nichts." Nach zwei Minuten: „Hätten Sie noch einen Sack?" Ich hatte einen im Kofferraum. Dann fuhren wir endlich los, Barbieri schloss die Augen.

Eine halbe Stunde später, auf einem Hügel nahe an der Grenze, öffnete er sie wieder und sagte ganz leise: „Hier an dieser Stelle haben die Serben zwei meiner Soldaten erschossen."

Ich fuhr maximal hundert Kilometer in der Stunde, die Straße war eng und kurvenreich. Die Geschwindigkeitsbegrenzungen, sie sind an vielen Stellen mit 60 angegeben, hielt ich ein. Und wurde ständig überholt. „Die Kroaten können leider nicht Auto fahren", murrte ich. „Sie sind unhöflich, bleiben vor dem Zebrastreifen nur stehen, wenn man als Fußgänger schon drauf ist." Aber Barbieri hörte nicht zu. Die Vergangenheit hatte sich eines kroatischen Offiziers bemächtigt.

Wegen der unzähligen Kurven wollte ich nicht schneller fahren. „Fahren Sie doch schneller", brabbelte mein Beifahrer ungehalten. „Fahren Sie zweihundert. Hier ist Platz genug!" Sagte er dies überhaupt zu mir oder zu seinem Chauffeur von damals? Ich war mir nicht sicher. Er wollte weg aus dem Kriegsgebiet, in dem er verwundet worden war, worunter er noch heute leidet. An den beiden Grenzposten in Neum lief alles problemlos, keiner stellte irgendwelche Fragen. Nun war er munter, plauderte aus Vergangenheit und Gegenwart, über Krieg und Frieden und das Essen, je näher wir dem Neretva-Delta kamen. Es ging um Frösche und um Aale im Restaurant „Kod Dude" in Vid, nahe der römischen Siedlung Narona, wo man sie gemeinsam mit kleinen, endemischen Fischen aufgetischt bekommt. Dorthin sei es eigentlich ein Tagesausflug, den sollte ich unbedingt einmal unternehmen. Vor einem Hotel und Restaurant mit dem Namen „Merlot" blieben wir stehen, um Chardonnay aus den Feldern von Staševica zu kaufen, der für ihn reserviert war. Der Wein im Delta, wo es Wasser im Überfluss gibt, sei anders als der am Pelješac, wo der Rote besser wächst, im Delta seien es weiße Trauben, die am besten gedeihen, erklärte der Wirt.

„Wir wollen so rasch als möglich nach Makarska, wo wir ein Brodetto kochen werden. Hast du zufällig Tomaten da? Und Zwiebeln?" Barbieri verschwand mit dem Wirt in der Küche. Als sie herauskamen, brachten sie einen Sack Zwiebeln mit. Keine Tomaten. „Die sind noch nicht süß. Aber die Zwiebeln sind richtig." Auch Brot hatte er dabei. Man kann nie wissen.

Als ich die Türen meines Autos öffnete, kam mir ein starker Geruch entgegen. Der Hummer! Die ganze Fahrt bis hierher hatte ich nicht an ihn gedacht. Nun war er voll da. „Der stinkt aber sehr nach Verwesung", sagte ich. „Verwesung?", antwortete Barbieri. „Ich denke, er ist noch lebendig." „Lebendig?" „Ja, sicher. Er wurde uns ja lebend gebracht. Deshalb hat es so lange gedauert. Sie mussten ihn erst aus dem Becken fischen und zusammenbinden. Ich bin sicher, er lebt noch. Ich wollte es Ihnen bei der Abreise aber nicht sagen. Sie hätten, glaube ich, etwas dagegen gehabt, dass wir mit einem lebenden Hummer im Auto durch die Gegend fahren." Hätte ich? Oh ja. Nun war es zu spät.

Bepackt mit zwei Mal vierundzwanzig Flaschen Weißwein und einem gefesselten Hummer, der sich im Todeskampf befand, fuhren wir weiter, vorbei an den Orangenplantagen, mit deren Ernte man den ganzen Orangenbedarf Kroatiens decken könnte. „In der Türkei", sagte ich, „habe ich mal eine ähnliche Landschaft gesehen. Mit Obstplantagen und Wein, aber auch mit Schilf bewachsen und mit Teichen und Kanälen und von Flussarmen durchzogen, an deren Ufern sich ein Dorf ans andere reihte." „Mag sein", sagte Barbieri, „aber wir sind jetzt in Kroatien in einer Gegend, von der Sie das Reichste nicht sehen: die Fische. Vom Meer strömt Salzwasser ins Delta, und da Salzwasser schwerer ist als Süßwasser, haben wir hier zwei Fischarten. Meeresfische, die unten schwimmen, und Süßwasserfische, die oben schwimmen. Wir sind in Dalmatiens Speisekammer."

~

1699 schenkte die Republik Ragusa Neum den muslimischen Bosniern als Pufferzone gegen die venezianische Republik, es blieb bis heute der einzige Zugang Bosniens zur Adria, und trennt Dubrovnik von Kroatien.

Das Delta der Neretva ist Dalmatiens fruchtbarster Wassergarten.

In Vrgorac bogen wir in Richtung Biokovo von der Autobahn ab. Der Biokovo ist ein steil von der Küste aufragender bedrohlicher Berg, der 1762 Meter hoch wird. „Auch diese schroffen, wilden Berge", sagte Barbieri, „sind Kroatien. Die Menschen hier arbeiten hart. Die Alten sind noch Bauern, die Jugend wandert in die Städte ab." Besonders interessant sei die Gegend jenseits der Grenze, in der Herzegovina. Sie stehe unter Naturschutz, da in ihr noch viele alte Pflanzensorten wachsen, ein Schatz. „In Vrgorac gibt es gute Erdbeeren, Kirschen und Knoblauch." An einem Stand an der Straße machten wir halt und kauften von allem etwas. Die Erdbeeren schmeckten nicht besonders, es hatte in diesem Jahr zu oft geregnet. „In Veliki Prolog machen wir Rast", sagte Barbieri. „Dort gibt es ein Gasthaus, in dem die Wirtin köstliche Froschschenkel zubereitet." Er ließ nicht locker. Das Dorf wirkte verlassen, wir parkten, an der Hauptstraße stand ein Polizeiauto. Der Gasthof „Vidi Kovač", den Barbieri im Auge hatte, war zu. Ruhetag! Erleichtert nutzte ich die Pause, um meine Lieben daheim anzurufen. Als ich zum Auto zurückkam, wirkte mein Fahrgast ungehalten. „Steigen Sie rasch ein. Fahren Sie hinten herum an der Polizei vorbei." „Aber warum denn?" „Sie halten die Autos an und lassen die Fahrer in den Alkometer blasen." „Na und?" „Sie haben doch Wein getrunken?" „Null!" Der aufmerksamen Kellnerin in Cavtat sei Dank. Ich war reinen Gewissens, die Polizei hielt uns nicht auf.

Weiter ging es durch Fichtenwälder, die den Erläuterungen meines Beifahrers zufolge jene autochthonen Fichten sind, welche die Eiszeit überlebten und zu den Müttern unserer europäischen Fichten wurden. Die Straße schlängelte sich den Berg hoch. „Auf dem Pass, in Duge Njive, halten Sie bitte wieder an." Dort habe er einen alten Freund und dieser besitze ein Gasthaus, in dem man *pršut* bekommt. Das klang gut, nach all den Meeresfrüchten und Frosch-Optionen und einem mit uns reisenden Hummer im ersten Stadium der Eiweißzersetzung.

Das Gasthaus liegt in nur fünfhundert Metern Seehöhe, vermittelt einem aber das Gefühl, viel höher, auf der Alm oben zu sein. Es war in einem kräftigen Signalrot gestrichen, es sah aus wie ein ehemaliges italienisches Zollhaus der Carabinieri. Wir parkten das Auto neben einem alten Krempel, der zum Verkauf stand. Ein Zastava, made in good old Jugoslavija. Vor dem Hauseingang eine Weinlaube, über dem Eingang eine Tafel, bemalt von einem heimischen Talent naiver Malrichtung. Das Bild zeigt verschiedene Tiere am Spieß.

Als wir die Almhütte – so nenne ich sie dem ersten Eindruck nach – betraten, roch es zart nach Dieselöl. Woher der Geruch im Inneren des Hauses kam, kann ich nur vermuten, ich glaube, er rührte von einem Dieselaggregat her, mit dem sie hier oben den Strom erzeugen. Unser Kommen war nicht angekündigt worden, die ältere Frau, die aus der Küche trat, um etwas indigniert nachzuschauen, wer sich da am späten Nachmittag in ihre Stube verirrte, brach auch nicht in Begeisterungsstürme aus, als sie den berühmten „Canzoniere der dalmatinischen Küche" erblickte. Und ich als dessen Anhängsel und Chauffeurin dabei sein durfte, wie sich ein weiteres Wunder der von ihm besungenen dalmatinischen Esskultur vor mir auftat.

Die Bora, die uns draußen vor der Gastwirtschaft um die Ohren pfiff und die Weinreben von der Pergola löste, sodass sie wie Vorhangfransen durch die Luft tanzten, fegte durch die Ritzen der Bretter, mit denen die Gaststube ausgekleidet war. Das Holz war dunkelbraun lackiert, wohl schon mehr als zehn Mal gestrichen worden, alles glich einer Horrorfilmkulisse, nur Spinnweben, die man in einem solchen Ambiente erwarten würde, fehlten. Von Gemütlichkeit keine Spur, einzig die Spuren eines kargen Lebens in den Bergen des Biokovo. Von hier aus sollte es in Serpentinen hinunter nach Makarska gehen, ich fürchtete mich schon.

„Er wird gleich da sein", sagte die Frau.

Barbieri fragte, ob sie Schinken hätte. Ihre Lust, mit ja zu antworten, war auf null. Aber dann gab sie doch nach und führte uns in die

Die Bora, die uns draußen vor der Gastwirtschaft um die Ohren pfiff und die Weinreben von der Pergola löste, fegte durch die Ritzen der Bretter.

„Brot! Hast du Brot?", fragte er, sie verneinte. Nein, Brot war heute keines mehr da.

Küche, bescheidener geht es nimmer, dachte ich, aber es war alles vorhanden, was sie brauchte, um ihre Gäste zufriedenzustellen. Ein altes Stück Pršut, ein letztes Eck sozusagen, und eine neue Pršut-Schneidemaschine, auf die sie stolz zeigte. Als Barbieri die sah, fiel er fast in Ohnmacht über den Niedergang der Pršut-Schneidekultur. Er nahm ihr den Schinken aus der Hand, verlangte nach einem Brett und einem Messer und schnitt dicke Scheiben vom dunklen Fleisch ab, an dem weder eine Schwarte noch allzu viel Fett war. Er teilte die Scheiben in mundgerechte Stücke. „Brot! Hast du Brot?", fragte er, sie verneinte. Nein, Brot war heute keines mehr da, doch hatten wir vorsorglich eines aus dem Hotel Merlot mitgenommen. Ich ging zum Auto, in dem sich der Geruch des Hummers einer weiblichen Duftnote näherte, die zu beschreiben Charlotte Roche mehr Talent hätte als ich. Ob er noch lebte?

Ich nahm das Säckchen mit dem Brot vom Rücksitz.

In der Gaststube lagen sich zwei Männer in den Armen, sie klopften sich gegenseitig nach Bergkameradenart auf die Schultern: Barbieri und der Wirt. „Vierzig Jahre kennen wir uns schon", sagte Letzterer in gebrochenem Deutsch zu mir. Er hieß Zdravko. Wir wanderten vom Gastzimmer ins Kaminstüberl, wo im Kamin verkohltes Holz lag. Warum auch sollte das Feuer brennen? An der Wand hatte man in Kopfhöhe einen Radiator angebracht, der mittels eines quer über die Wand verlaufenden Rohres irgendwo angeschlossen war. Die Wirtin legte ein gelbes, in sich gemustertes Tischtuch über die mit Plastik überzogene Tischplatte, darüber eine strahlend weiße Brücke, beides aus festem Stoff, wie in einem Haubenlokal. Barbieri bringt Esskultur in die bescheidenste Hütte. Dann brachte sie den Teller mit dem Schinken. Eine Scheibe Brot dazu. Weißwein, selbst gekeltert für den Herrn, Rotwein für die Dame. Ich wollte nur nippen, doch ich trank das Glas aus, der Wein war leicht und schmeckte.

Die Männer lachten über früher, über besoffene Geschichten. Zdravko spricht auch Englisch, weil er zehn Jahre in Australien war. „Kommen Sie", sagte er dann, „ich zeige ihnen den Pršut."

~

Wir gingen vor die Tür, dann durch die Garage. „Wo ist der Schlüssel?", rief er laut, „wo hat sie ihn schon wieder versteckt?" Der Schlüssel war nicht zu finden. „Ich muss meine Frau fragen, warten Sie bitte hier." Beton rundherum, Rohbau seit vielen Jahren. Ein paar gelbe Gasflaschen. Der Wirt kam zurück. „Da drunter ist er." Er hob eine der leeren Gasflaschen in die Höhe. Dann sperrte er die Kammer auf.

Von der Decke hingen die Schinken, ungefähr zwanzig an der Zahl, ihre Schwarte war schwarz. Ich klopfte darauf, der Klang war hohl, die Schwarte steinhart. Holzfässer standen herum, eine Schinkenpresse wartete im Eck auf den Winter. Zdravko erklärte, wie es geht: Zuerst kommen die Schinken in eine Salzlake, in der sie vier Wochen bleiben. Dann werden sie herausgenommen, in die Presse gesteckt, in dieser gut ausgewrungen, danach aufgehängt. Im Kamin wird das Feuer vier Monate lang jeden Tag angezündet, sodass Rauch entsteht. Die Schinken hängen nicht direkt darüber, sondern daneben, so bekommen sie nur ein wenig vom Rauch ab und können langsam trocknen. Sie bleiben so lange hängen, bis sie aufgebraucht sind und man neuen Schinken macht.

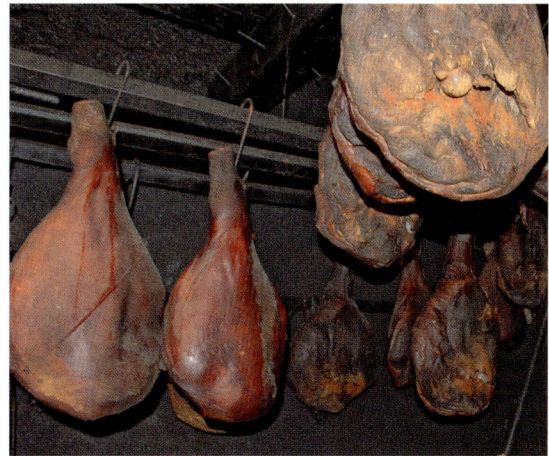

Oben, am Biokovo, trocknet der Pršut besonders gut.

Barbieri hatte im Kaminstüberl über einem Gläschen gewartet, Liljana schien verschwunden. Und nun sagte es der Gourmetpapst zum letzten Mal: „Ihr dürft den Schinken nicht mit der Maschine schneiden, das Messer dreht sich zu rasch, es wird heiß, darunter leidet die Qualität." Zdravkos Blick blieb unbeteiligt. Ich sagte: „Ach was. Die Busse, die heraufkommen, sind doch voller Neckermann-Gäste. Für sie ist es egal, womit man den Schinken schneidet. Am besten, man kauft ihn bei Pivac und tut so, als wäre er selbst gemacht." Weil der Wirt nicht mehr der Jüngste ist und seine Frau keine Lust mehr darauf hat, den Schinken für die Busgäste mit der Hand zu schneiden, war es doch verständlich. Nicht für Barbieri, dem das Erhalten alter Traditionen am Herzen liegt.

39

Mir war der Schinken viel zu salzig. Erwähnt habe ich davon kein Wort. Kritik bringt nichts, schon gar nicht am Biokovo, wo die schönste Zeit für zwei alte Leutchen vorbei ist. Doch es gibt Hoffnung: Kartoffeln! „Wir haben hier die besten Kartoffeln von überall", sagte der Wirt, „es sind Bergkartoffeln und sie heißen *Kraljevići*, auf Englisch King's Potatoes. Bis jetzt haben wir sie nur für uns angebaut, aber nun haben wir um EU-Förderung angesucht und eine Zusage bekommen. Ab nächstem Jahr werden wir sie exportieren, unsere Königskartoffeln. Als UNESCO-Weltkulturerbe wollen wir sie auch anmelden." Und dann erzählte er die Geschichte von Kaiser Franz Joseph, als dieser in Makarska war. Dort wurden ihm die Kartoffeln kredenzt. Als er sie kostete, soll er gesagt haben, das seien die besten Kartoffeln der Welt. Deshalb heißen sie bis heute Königskartoffeln, weil der Kaiser von Österreich auch König von Dalmatien war.

~

„Der Wirt hat uns einen Teller mit im Rohr gebackenen Kraljevići gebracht. Die sind für Sie."

Es wurde schon dunkel, die Bora ließ nicht nach. Ich fuhr die Serpentinen hinunter. Ich freute mich auf das Hotel, wo ein Zimmer für mich reserviert war. Schon sahen wir die Lichter von Makarska. „Machen Sie halt!", verordnete Barbieri. Nicht schon wieder! „Nur kurz", sagte er. Diesmal war es ein geräumiges, neues Landgasthaus, ziemlich nahe am Meer und der Wirt ein alter Soldat. Noch so ein General. *Generale* hin, *Generale* her. Ich wartete lieber vor der Tür, bis die Bora mich beinahe umwarf. Sie tat gut, sie erfrischte, sie fegte den Groll, den ich gegen meinen Beifahrer zu hegen begann, hinweg.

Ich betrat das Lokal. „Ich wollte Sie gerade holen", sagte Barbieri. „Der Wirt hat uns einen Teller mit im Rohr gebackenen Kraljevići gebracht. Die sind für Sie." „Oh, danke. Ich liebe Kartoffeln." Dazu servierte der Wirt Knoblauch, Olivenöl und Salz! Eine königliche Speise, fürwahr. Sie ließ mich Meereseier und Seeigel, Aale und Frösche vergessen. Im Einfachen liegt der wahre Luxus, Barbieris Augen hinter den Brillengläsern glänzten vor Freude, als er sah, wie sehr ich dieses einfache Gericht schätzte. „Ich denke ja auch so", sagte er. „Oder glauben Sie, dass die ganze Lokaltesterei wirklich Spaß macht?"

~

Wir setzten mein Gepäck im Hotel ab, danach fuhr ich ihn zu seinem Haus, es liegt in einem Pinienwald. „Sie machen jetzt nichts mehr", sagte er, nachdem ich den Motor abgestellt hatte. Er beförderte seine Koffer und den Wein vor das Auto, nahm den Sack mit dem Hummer heraus und die Fußmatten dazu, die wollte er waschen, es wäre doch seine Schuld, dass der Boden so versaut war. Er sagte: „Morgen sind Sie mein Gast. Kommen Sie am Vormittag. Ich werde mit dem Kochen auf Sie warten." Er öffnete das schmiedeeiserne Gartentor und entschwand in Richtung Hauswand. Es war Neumond. In der Bucht von Makarska glitzerten die Lichter. Die Pinien dufteten nach Harz. Ich fuhr im Schutz des Wäldchens den knirschenden Kiesweg hinunter, parkte das Auto und kämpfte mich in geduckter Haltung durch eiskalte Sturmböen bis zum Designer-Hotel vor.

~

Im Schatten der Pinien lässt es sich einfach gut leben.

Die Bora rüttelte immer noch an den Jalousien. Ich stellte den Zimmercomputer wieder an, den ich um Mitternacht abgewürgt hatte, weil ich die Zeichenkombination für den Lichtschalter nicht fand. Ich schaute auf die Uhr, es war zehn nach neun. Bis zehn würde es Frühstück geben. Im Zimmer war alles weiß, das Bett, die Teppiche, die Tische und Sessel. Die Lampen waren von Artemide, die Einrichtung wie aus dem „Modern Living"-Journal. Dafür hatte man beim Frühstücksbuffet gespart. Wurst und Käse, Marmelade und Brot waren aus Plastik, der Kaffee aus dem Automaten und der Kellner stammte in seiner ganzen Freundlichkeit noch aus Titoland.

Gegen elf rief ich Barbieri an. „Kommen Sie", antwortete er freundlich. „Es ist schon alles vorbereitet."

Das Ambiente war wie aus dem „Schöner Wohnen"-Magazin, man ist auf den Besuch der Medien vorbereitet.

Nun sah ich erst wie schön die Villa lag, auf einer Anhöhe über dem Meer, in einem Garten, der wie die meisten Gartenanlagen an der Küste verwildert wirkt, es aber nicht ist. Der Mangel an Regen und regelmäßiger Bewässerung lässt keinen englischen Rasen sprießen. Der Kiesweg führte vom Gartentor zu ein paar Steinstufen, auf der obersten stand schon der Hausherr im gestreiften Hemd leger gekleidet. In der Hand hielt er einen Korb, darin lagen die Zwiebeln. „Guten Morgen." „Die Zwiebeln, die Sie gestern aus der Küche im Hotel Merlot holten?" „Oh ja. Die werden Sie schälen. Aber nicht jetzt. Kommen Sie. Schauen Sie sich um, ich zeige Ihnen gerne, wie ich wohne."

Die Villa, ein Bau aus dem Jahr 1926, war einfach, ohne Schnörkel, die Fensterläden grün gestrichen. Barbieri wohnt im Parterre, seine Cousins oben, jeder hat einen separaten Eingang. An einer Wäscheleine hingen Herrenhemden, Hosen, Unterhosen, Männersachen. „Ich bin schon seit fünf Uhr auf", sagte er. „Die Wäsche habe ich noch in der Nacht gewaschen und gleich in der Früh auf die Leine gehängt. Ich habe meine Kolumne geschrieben und war dann am Markt. Sie erinnern sich doch, dass wir auf der Fahrt keine reifen Tomaten fanden. Also habe ich heute welche gesucht. Kommen Sie in die Küche." Auf dem Herd stand ein Topf mit Tomatensoße. „Frisch, von heute, um zehn Uhr gemacht. Sie wissen, wie?" „Ins kochende Wasser geben. Dann lassen sie sich schälen. Die geschälten Tomaten dünsten. Fertig."

Das Ambiente war wie aus dem „Schöner Wohnen"-Magazin, man ist auf den Besuch der Medien vorbereitet. Alles hat seinen Platz, alles lässt sich fotografieren oder filmen und niemandem würde es einfallen, einen Gegenstand, sei es einen Polster, ein Buch oder eine Vase, auch nur um einen Zentimeter zu verrücken. Jede Wand eine Buchseite. Der Stammbaum, der sich auch in den Archiven von Trogir befindet. Die Bibliothek, eine Sammlung der Dichter und Denker der Antike, das Sofa für den Mittagsschlaf, das Bett für den Fernsehschlaf, das Bett für die Nacht. Die Plakate, die auf Barbieris Ausstellungen, Bücher und Filme hinweisen, lauter kleine Kunstwerke kroatischer Maler und Grafiker. Fotos und Aquarelle zeigen Makarska in verschiedenen Epochen, von der Kaiserzeit bis 1944, als es die Bomben der Engländer zerstörten. Die Dame im Ruderboot, sie trägt ein Charlestonkleid und einen Topfhut, ist die geliebte Großmutter, aufgenommen in den Dreißigerjahren. Bei ihr wuchs er auf, er sei ein Großelternkind gewesen, die Eltern ließen sich scheiden.

Vasen und Steine, Muscheln und Gläser, Küchengeräte, in Gruppen arrangiert. Auf einem Eckregal drei Mörser, ein jeder ganz anders, passend der Stößel zu seinem Gefäß. Er sagte: „Der eine Mörser ist für die frischen Kräuter, der andere für den Pfeffer, der dritte für das Salz und die trockenen Kräuter." Jedes Werkzeug, auch wenn es altmodisch aussehe, werde benutzt. Nichts stehe herum, das keine Funktion hätte. Schon am Morgen habe er den Chardonnay, den er im Hotel Merlot gekauft hatte, aus den Flaschen in den auf dem Boden stehenden Aluminiumbehälter gegossen, wo der Wein sich ein Jahr lang frisch halte. Das sei viel praktischer als ständig Flaschen zu öffnen. Im Übrigen trinke er nie allein und esse nie allein, immer wünsche er dabei Gesellschaft. Er danke mir, dass ich gekommen sei und bedaure schon jetzt, dass ich nicht noch einen Tag länger bleiben könne. Er sagte: „Ich räume meine Wohnung jeden Tag auf. Alles muss an seinem Platz sein, sonst kann ich nicht schreiben. Ich muss diszipliniert sein und mein Pensum erfüllen. Er deutete dabei auf den Schreibtisch und die

Hatte er überhaupt Kaffee zu Hause?
Da musste doch irgendwo Kaffee sein?
Von früher.

beiden geöffneten Laptops. „Haben Sie einen Wunsch?", fragte er. „Wäre es möglich, dass Sie mir einen Kaffee machen?" Diese Bitte setzte ihn augenblicklich in Verwirrung.

„Kaffee?" Er trinke selten Kaffee, und wenn, nur außer Haus. Hatte er überhaupt Kaffee zu Hause? Da musste doch irgendwo Kaffee sein? Von früher. Er sei ja nicht immer allein, obwohl, in Makarska meistens, weil er hier schreibe. Da, eine Packung! Sie war noch zu. Die würde er jetzt öffnen. „Warten Sie, es wird schon", sagte er und griff zu einem Topf mit Stiel, um in ihm Wasser zu kochen. Er hatte keine Kaffeemaschine. Und keinen Wasserkocher! Ich bemerkte, eine Kaffeemaschine, die mit den vielen bunten Kapseln, würde sich gut in das Ambiente fügen. Und ein elektrischer Wasserkocher sehr praktisch sein. Aber er hörte mir gar nicht zu, weil er mit dem Kaffeekochen beschäftigt war und fragte, ob ich Zucker wünsche. „Sie haben wahrscheinlich noch nie einen so schlechten Kaffee getrunken", entschuldigte er sich ein paar Minuten später und servierte mir eine Art türkischen Häferlkaffee. Meine Antwort war ehrlich. „Der Kaffee ist ein Gedicht."

Er schlug vor, dass wir uns ein Weilchen auf die Terrasse setzen. Dorthin würden gleich die Katzen kommen, wilde aus dem Wald, die er füttere, wenn er hier sei. Er öffnete die Tür zu einer kleinen, überdachten Terrasse die einen herrlichen Blick aufs Meer freigab. Unter ihr führt ein Fußwanderweg die Küste entlang, den die Badegäste gerne nutzen. Man ist gleich unten am Wasser. Vor dem Blick der Touristen schützt eine Hecke aus Lorbeer. Bevor wir uns setzten, arrangierte er auf dem Tisch eine grün glasierte Terracotta-Schüssel und ein Buch als Stillleben für die Kamera.

„Ich denke, Sie können mit dem Zwiebelschneiden beginnen", sagte er nach einer Weile. Vier Zwiebeln seien ausreichend, er werde in der Zwischenzeit die anderen Zutaten herrichten. Er reichte mir ein japanisches Shun-Messer, ich sollte damit vorsichtig umgehen. Ich schälte die erste Zwiebel und begann sie zu schneiden, in dünne Ringe, wie immer. „Nicht so", sagte er und nahm mir das Messer aus der Hand. „Für ein Brodetto schneidet man die Zwiebel grob und mit der Faser, nicht in Ringe sondern in gerade Teile, der Gaumen wird später die Zwiebel in der Soße besser herausschmecken." Als er sah, dass mir die Tränen über die Wangen zu rollen begannen, stellte er eine große Kasserolle auf den Tisch, in sie durfte ich die geschnittenen Zwiebel hineingeben, darauf einen Deckel. Dann brachte er grobes Salz in einem Häferl. „Fleur du mer!" Ich kostete. Das Salz schmeckte leicht bitter. Ich setzte meine Brille auf, um die Blüten genauer zu betrachten. Jeder Kristall war verschieden groß. Ein Salz-Kunstwerk. Er drehte die Gasflamme auf, stellte die Kasserolle mit den Zwiebeln darauf, die er zuvor mit dem Salz und mit Olivenöl mischte. Er meinte, er nehme gerne Olivenöl aus Oblica auf Hvar. Öl aus grünen Oliven, behauptete er, sei bitterer, aber noch viel gesünder als Öl aus reifen bis halbreifen Früchten. Die Zwiebeln sollten nur leicht dünsten, das Feuer nicht zu heiß sein. Vier geschälte Knoblauchzehen lagen schon auf einem Porzellanbrett, er zerquetschte sie mit dem Handballen. Man solle den Knoblauch immer auf diese Art zerquetschen, weil dadurch mehr Aroma frei wird als beim Hacken. Den Knoblauch hatten wir oben am Biokovo gekauft. „Sie erinnern sich?" „Oh ja. Während ich vom Knoblauch kostete, nahmen Sie den Anruf eines Kriegskameraden entgegen, der gerade die Nachricht erhalten hatte, man werde ihn zum Admiral befördern. Sie entschuldigen, dass ich diesen Moment mit dem des Knoblaucherwerbes verbinde." „Aber gern. Wissen Sie, dass ich Major bin?" „Jetzt weiß ich es, leider stelle ich mir darunter nichts vor. Aber sollten wir nicht weiterkochen?" Er rührte den Knoblauch unter die angedünsteten Zwiebeln, danach gab er drei Deziliter Weißwein dazu, ich habe leider vergessen, welchen, und die gedünsteten Tomaten. Es müssten immer süße Tomaten sein und am aromatischsten seien die kleinen runden, die seien aber noch nicht reif. Das Ganze solle nun vor sich hin köcheln. Er habe als Überbrückung der Wartezeit Sardellen anzubieten, nach Hausherrenart. Ich solle mich auf die Terrasse setzen und warten. Bald kam er mit einem Teller nach, auf dem ein paar Fischchen in einer Marinade aus Essig und Öl, garniert mit Paprikatomaten, schwammen, sagte, dazu würde Brot und ein Glas Žlahtina passen. Der sei leichter. Ein Sommerwein."

~

Mit zwei an den Rändern attraktiv angeschlagenen, alten Steingut-Tellern, dicken Weingläsern, dem Wein und einer Flasche kam er zurück. In dieser Flasche war eine Köstlichkeit – Essig aus Hvar: Plavac Mali mit Honig, Lorbeer, Thymian und Basilikum im Fass gereift, nach zehn Jahren in Flaschen abgefüllt. Der Hersteller heißt Andro Tomić und der Inhalt der Flasche, die vor mir stand, war aus dem Jahr 1999.

Jeder fischte seine Sardellen mit einer kleinen Gabel aus der Marinade, ich tauchte mein Brot in sie ein, zumal mir bewusst war, mit welchem Essig sie hergestellt wurde. Die Paprikatomaten waren knackig und gekauft. Barbieri sagte, dass er darüber nicht glücklich sei, aber er hatte heute Morgen keine andere Wahl. Die Sardellen schmeckten zart und gar nicht versalzen, wie gewohnt, weshalb ich sie nie besonders schätzte. „Die Leute machen es falsch, weil sie zu viel Salz nehmen", sagte Barbieri. Er kaufe die Fischchen am Markt und lege sie selber in einem kleinen Fass ein, eine Schichte Fisch, eine Schichte Salz, obendrauf den Stein, nach vier Monaten sind sie fertig.

46

Das Kostbarste auf dem Tisch war der mit Kräutern und Honig im Fass gereifte Essig aus Hvar.

Während ich mich der „Fjaka", der dalmatinischen Meditation mit Blick aufs Meer hingeben durfte, nahm Barbieri die Meerestiere aus dem Kühlschrank und legte sie auf die Arbeitsfläche. Aus einem Säckchen zog er zwei kleine Meeraale, auf Kroatisch heißt dieses Tier *ugor,* auf Englisch Conger Eel. Conger und Ugor seien verwandte Namen, die aus dem Griechischen stammen, in dem Fische, wie in der gesamten Antike, minderwertige Speisen waren. Für besonders minderwertig hielt man jene Fische, die sich die Fischer in ihre Suppe gaben, weil sie die besseren Tiere verkauften. Weshalb die Fischsuppe in allen Ländern der Welt ursprünglich aus kleinen, unverkäuflichen Tieren bestand. Das habe sich nun gewandelt. Heute sind die beliebtesten Brodetto-Fische Seeteufel *(grdobina)* und Skorpionfisch *(škrapina)*, König und Königin des Mittelmeeres. Das Brodetto, das er selber am liebsten habe, sei aber eines aus Sardinen. Barbieri erklärte: „Heute verwenden wir außer unserem Hummer und dem Aal noch einen Mönchsfisch, Monkfish, von dem man nur den Schwanz isst. Seinen Kopf und den ganzen vorderen Teil isst man nicht und den kleinen Ugor überhaupt nicht. Der ist nur für den Geschmack."

Ich solle ihm nun das Hackbeil geben, es hänge drüben an der Wand. Er hatte schon den Hummer entfesselt und gewaschen und in die Hand genommen und mir angedeutet mit ins Freie zu kommen: „Nehmen Sie den großen Teller mit, den mit dem blauen Rand." Draußen legte er den Hummer auf einen Hackstock. Er teilte ihn exakt und je auf einen Hieb, zuerst den Schwanz in drei Teile, quer durch, danach die Brust einmal, der Länge nach.

Auf dem Herd rührte er die Soße aus Zwiebeln, Knoblauch, Tomaten und Wein noch einmal durch, dann legte er die Aale, den Mönchsfisch und die Hummerteile hinein. Den Hummer an die Oberfläche, so dass er nur bis zur Hälfte in der Flüssigkeit versank. Von nun an dürfe man das Brodetto nur schütteln, in dem man den Topf mit beiden Händen am Henkel hin und her bewegt. Rühren ist verboten. „Ich weiß! Ich hab schon gerührt, vor ein paar Jahren, beim ersten Mal. Das Brodetto war voller Gräten und ungenießbar." Er gab den Deckel drauf und meinte, eine gute Stunde würde es nun brauchen, es müsse sehr langsam köcheln. Die Flüssigkeit war noch dünn, von ihr gab er ein paar Schöpfer in einen kleineren Topf, verlängerte mit etwas Wasser, Salz und Butter kamen dazu. „In diese Flüssigkeit", sagte Barbieri, „geben wir später die Polenta hinein. Wir nehmen weißen, grob gemahlenen

Maisgrieß aus dem Biokovo. Ich hole ihn direkt beim Bauern und bewahre ihn in einem Glasgefäß auf.

Die Zeit in Barbieris Arbeitszimmer verging wie im Flug. Ich durfte mich durch die Bibliothek schauen, fand Bekanntes und Neues, viel Altes, und hörte meinem Gastgeber zu. Meine anfängliche Abneigung gegen die Ausschließlichkeit, mit der Barbieri und übrigens viele andere Kroaten versuchen, ihr Land als etwas Einzigartiges, Europäisches und gar nicht Balkanisches darzustellen, verflog. Wer, auf seine Familie blickend, in den letzten achtzig Jahren weder Annehmlichkeiten noch positive Veränderungen durch die rechten wie linken Diktaturen erfuhr und sich nach einer guten alten Zeit sehnt, die es vielleicht nie gab, darf sein Kroatien als großartigen Beitrag zur europäischen Union sehen und seinen Landsleuten dabei behilflich sein, die wahre kroatische Esskultur zu entdecken.

Den Grieß schüttete er langsam, unter Rühren in die Flüssigkeit, bis er sich vollsog. Er rührte weiter, gab Olivenöl hinzu, nur wenig Salz, rührte, bis die Masse zu blubbern begann und stockte, dann gab er den Deckel darauf und drehte das Feuer ganz klein.

Ich deckte den Esstisch im Vorzimmer, nahm die Musik wahr, die schon die ganze Zeit von einer CD kam, Bob Dylan. Kein Glas Wein mehr, ich wollte bald nach Split weiter. Barbieri servierte. Auf dem Teller ein Klecks Polenta, ein Schöpfer dicke Soße, ein Stück vom Hummer, ein Stück vom Mönchsfisch. Der Himmel der dalmatinischen Küche eroberte meinen Gaumen, nährte meine Seele. Wir sprachen kein Wort. Die Zutaten zergingen auf der Zunge. „Möchten Sie noch?" „Ja, bitte." Ob Barbieri überhaupt etwas aß? Oder ob er nur mit mir speiste, indem er mir zusah? Für Gäste zu kochen, schreibt er in seinem „Epitaph eines königlichen Feinschmeckers", bereite ihm die allergrößte Freude. Das Essen sei Nebensache.

—

Auf dem Teller ein Klecks Polenta, ein Schöpfer dicke Soße, ein Stück vom Hummer, ein Stück vom Mönchsfisch. Der Himmel der dalmatinischen Küche eroberte meinen Gaumen, nährte meine Seele.

Veljko Barbieri in seiner funktionellen kleinen Küche

51

Auf der Stadtmauer in Dubrovnik

Eine Reise durch die Morlachey

Im Tal der Krka

Als Alberto Fortis (1741–1803), Universalgelehrter und geistlicher Herr aus Padua, in Split lebte und das Küstenland bereiste, waren die besten Zeiten der venezianischen Republik längst vorüber. Die Beamtenschaft war korrupt und das Landvolk sich selbst überlassen. Die Venezianer hatten im 17. Jahrhundert christlichen Flüchtlingen Siedlungsraum entlang der Küste geliehen und großen Zulauf bekommen. Nach dem Frieden mit den Türken 1704 musste man, wegen drohender Überbevölkerung, die Einwanderung auf die Inseln stoppen. Das Hinterland jedoch entzog sich jeder Kontrolle, Grenzgänger verdingten sich auf beiden Seiten, die Bauern wurden ausgeplündert, die arbeitslosen Soldaten nagten am Hungertuch, gerieten in Bandenkriege, überfielen die Karawanen, stahlen Rinder und kämpften gegen die „Türken" auf eigene Faust. Um sich vor den Naturalsteuern zu drücken, hörten die Bauern mit dem Anbau von Getreide auf. Darunter litten auch die Städte, in denen nichts mehr an die große, humanistische Zeit des 15. und 16. Jahrhunderts erinnerte, in der es öffentliche Lateinschulen, eine blühende kroatische Literatur und urbanen Wohlstand gegeben hatte. Als kein Geld mehr da war, um die Lehrer zu bezahlen, schlossen auch die Grundschulen. Nur in den Klöstern erteilte man noch einschlägigen Unterricht. Um 1780 kam auf fünfzig Katholiken ein hungriger Priester. Nachher wurde es auch nicht besser. Das Geld für das angekündigte Reformwerk des napoleonischen Generals Marmont wurde, nach der Schließung der Klöster 1805, statt in Schulen in den

Benkovac ist ein beliebter
Marktplatz für Haustiere
aller Arten.

Ob sich das häusliche Rollenspiel der beiden nach meiner
Abreise umkehrte? Ich schließe
es nicht aus.

militärisch wichtigen Straßenbau gesteckt. Was also blieb der Landbevölkerung, den „Morlacken", wie man sie nannte, anderes übrig, als sich stolz und unbeugsam an ihren einzigen Besitz, ihre patriarchalische Tradition zu klammern? Kein Wunder, dass Alberto Fortis bei seinen Reisen durch Dalmatien aus dem Staunen nicht herauskam. Sein in mehrere Sprachen übersetzter Bestseller „Viaggi in Dalmazia" ist eine Bestandsaufnahme des Landes auf allen Gebieten, von der Sprache zur Landwirtschaft, vom Brauchtum zum Alltag. Die „Ballade der lieben Frau des Hasan Aga", die auch Goethe entzückte, blieb durch Fortis Niederschrift der Nachwelt erhalten, und der edle „Wojwode", meist ein Dorfhäuptling oder bewaffneter Anführer einer Freischar, wurde zu einer literarischen Figur.

Diese „andere" kroatische Welt, die Fortis beschreibt, ist nur wenige Kilometer von der Küste entfernt. Es gibt sie noch heute, ich habe sie selber kennengelernt. In einem Dorf an der Krupa begegnete ich einem Mann, der einem „Wojwoden" gleichkam. Er trug einen Backenbart wie der alte Kaiser, einen breiten Gürtel, weite Hosen, über dem Hemd ein Wams und auf dem Kopf eine bunt bestickte Mütze. Als er bemerkte, dass ich mich für seine Art zu leben interessierte, bewirtete er mich fürstlich. Er zeigte mir seine Herde, die aus über zweihundert Ziegen und einhundert Schafen bestand. Für die Ziegen hatte er einen modernen Laufstall mit Melkstand errichtet, was ihn nicht davon abhielt, sich selber archaisch zu verhalten. Er wohnte mit seiner Frau in einem bescheidenen Häuschen aus Stein. Diese behäbige Frau, sie trug einen langen schwarzen Rock, Pantoffeln und Wollsocken, eine Bluse und eine selbst gestrickte Jacke, die über einem mächtigen Bauch spannte, sowie ein Kopftuch, das Stirn und Nacken bedeckte, stand, während sich der Wojwode mit mir unterhielt, in der ebenerdig gelegenen Küche vor dem Herd und kochte uns köstlichen türkischen Kaffee. Nur einmal wagte sie sich ins Freie, um uns einen Teller mit Frischkäse, selbst gebackenem Brot, ein Glas Honig und eine Flasche Slivovitz hinzustellen. Sie schwieg devot. Ob sich das häusliche Rollenspiel der beiden nach meiner Abreise umkehrte? Ich schließe es nicht aus.

~

An jedem zehnten des Monats hält man in Benkovac einen Markt ab. Man kauft und verkauft Haushaltswaren, Emailtöpfe, Eisenpfannen, Reisbesen, Quirle und Löffel aus Holz, Besenstiele, Hackenstiele, Beile und Krampen, Arbeitsschuhe, Holzzockeln, Getreide und Kartoffeln in 100-Kilo-Säcken sowie Tiere. Schafe, Ziegen und Schweine, ob schweinchenrosa, schwarz oder gefleckt. Sie warten in Lastwägen auf ihre Käufer. Das Vogelvieh wird in Lieferwägen transportiert. Es gibt Enten und Hühner, Zwerghühner, Wachteln, Truthähne und Gänse. Und es gibt Hunde aller Rassen und Mischungen, vom alten Jagdhund, der nur aus Fell und Knochen besteht, bis zum Wollknäuel, das sich in einer Schachtel an die Geschwister kuschelt. Irena, eine Freundin, die in der Suburbia von Zadar, in Kožino, wohnt, fuhr eines Tages zum Markt nach Benkovac, um sich einen Hund zu besorgen, der auf ihr Haus aufpasst. Aus irgendeinem Grund wurden nur Zwergpinscher, die ihr nicht gefielen, verkauft.

Wer will mich? Hirtenhundbabys am Markt von Benkovac.

Und dunkelgraue, haarige Hirtenhunde aus der Lika, die werden so groß wie Kälber. „Hören Sie", sagte eine Marktfrau, die Irena bei der Suche beobachtet hatte. „Wenn Sie heute keinen Hund finden, wie wär's denn mit der da?" Und sie zeigte auf eine Gans. „Eine Gans ist viel wachsamer als ein Hund. Sie kennen doch die Geschichte vom Kapitol, oder? Für neunzig Kuna ist die Gans die ihre, und wenn sie nicht hält, was ich verspreche, dann machen Sie eben einen Braten aus ihr." Sie stopfte die Gans in eine Schachtel und trug Irena auf, dafür zu sorgen, dass das Tier genügend Wasser zu trinken und ausreichend Schatten hat. Gänse würden keine Hitze vertragen. Und ob man es glaubt oder nicht, innerhalb weniger Wochen wurde aus dem Gänschen ein wunderschöner Gänserich, der die Terrasse vollkackte und das Haus eifrig bewachte. Wenn sich ein Fremder dem Haus näherte, schrie er laut, kam Irena um die Ecke, blieb er ruhig. Irgendwann wurde er trübsinnig und ließ den Gänsehals hängen. Er brauche eine Partnerin, hieß es, weil Gänse gerne Gesellschaft haben. Also kaufte Irena ihm einen Spiegel. Er gab sich Bussi und freute sich, bis er draufkam, dass es sich um Betrug handelte, worauf er die Nahrung verweigerte und eines Morgens tot in seiner Plastikwanne lag.

Während Arnold quer über den Markt auf Motivsuche unterwegs war, suchte ich nach einer Peka, einer Tonhaube, die man im Kamin mit Glut bedeckt, um darunter in einer runden Pfanne Fleisch, Kartoffeln und Fisch zu garen. Meine Peka hatte einen Sprung bekommen, ich brauchte und fand eine neue. In einer Bude, unter einem Zelt, brutzelten in riesigen Pfannen voller Fett Bratwürste und Schnitzel, Ćevapčići lagen auf dem Grill, Spanferkel drehten sich am Spieß. Am Rande des Marktplatzes stapelten sich in Straßenläden jene Steinplatten, für die Benkovac berühmt ist, ursprünglich waren die Dächer der rustikalen Bauten der Gegend alle mit solchen Steinplatten gedeckt. Manche Platten sind so riesig, dass man sie als Tischplatte verwenden kann. Sie kosten sehr wenig. Nachdem wir alles gesehen hatten, spazierten wir hinunter in die Stadt, die langsam wieder zu ihrem jugoslawischen Aussehen von früher findet, um im Lokal „Asseria" ein Cola zu trinken und nach dem Weg zu der alten römischen Stadt Asseria, dem „kroatischen Mykene" zu fragen.

~

In Asseria waren wir Teil einer Filmszene made in Hollywood. Wir befinden uns auf den Überresten einer römischen Stadt, in der zu Zeiten der Kaiser Vespasian, Tiberius und Nero dreißigtausend

Wurst, Hammel und Schwein. Im Hinterland isst man gerne Fleisch.

Menschen lebten. Der Hügel, auf dem sie stand, ist 234 Meter hoch, der einzige Hügel in der weiten Ebene, ein einzigartiger Aussichtspunkt, auf ihm mächtige Mauern aus Megalithen. Wilde Gräser bedecken den Boden. Unten, in der Ebene, ein paar Dörfer und Weingärten. Man versucht die Bewohner mit allerlei Versprechungen im Dorf zu halten. Sie sollen Buschenschenken eröffnen und, so ist der Plan, bald schon touristisch von Asseria profitieren. Asseria könnte ein Weltwunder werden. Könnte!

Ein lauer Wind bewegt die wilden Gräser, ich stelle mir vor, wie die Menschen in der Steinzeit die Rispen sammelten und über einem Stein die Samen ausklopften. Die hohen Gräser sind von goldener Farbe, sie duften, roter Mohn und blaue Wicken wachsen dazwischen und verwandeln die Landschaft in ein Bild von Cézanne.

Auf Säulenresten, mitten im Niemandsland, sitzen zwei wilde Gesellen und machen Brotzeit. Vor sich, auf einer Steinplatte liegt Jausenpapier, darauf der Rest eines Spanferkels, ein Schwartenfriedhof. Sie essen mit den Fingern, die in der Sonne fett glänzen. Der Eine hebt den Arm zum Gruß. „Ave", sagt er, ich könnte schwören, dass er „ave" gesagt hat, so sehr erinnert er mich an Russell Crowe in seiner Rolle als Gladiator. Sein Kumpel hat etwas Mongolisches an sich, er ist schlitzäugig, blond und rot im Gesicht und Stoppelbartträger. Ein Aware oder Hunne? Sie alle sind in dieser Gegend gewesen, und haben sie verwüstet. Seit der Illyrischen Zeit ist das Land zwischen Küste und Balkan Kriegsland.

Nordafrika? Oder doch Dalmatien?

57

Der Eine hebt den Arm zum Gruß. „Ave", sagt er, ich könnte schwören, dass er „ave" gesagt hat.

Die Wohn-Stadt Asseria wartet auf mehr Archäologen.

58

Ich fühle mich tatsächlich zum Bäumeausreißen stark. Aus allen Himmelsrichtungen strömt Energie auf uns ein. Aus allen.

Die Säulenreste, auf denen die Männer sitzen, sind abgebrochene Grabstelen aus dem 3. Jahrhundert vor Christi. Die noch intakten sehen aus wie Stein gewordene, explosive Geschosse, die in Reih und Glied aufgestellt sind. Die Platte, die den Männern als Tisch dient, ist eine Grabplatte. „Wie sind Sie auf die Idee gekommen, nach Asseria zu fahren?", fragt Russell Crowe und macht eine einladende Geste, ich solle mich doch auf eine abgebrochene Grabstele setzen. „Durch Fotos von Ausgrabungen im archäologischen Museum in Zadar." „Dann wissen Sie ja", sagt der andere, den ich Attila nenne, „wie viele Menschen hier einmal wohnten. Im 5. Jahrhundert sind sie aber vor den Hunnen geflüchtet und seither ist die Stadt verlassen." Attila lacht grimmig, er spricht gutes Englisch, er hat zwanzig Jahre in Australien gearbeitet und stammt aus Bribir, das in der Römerzeit Varvaria hieß. „Waren Sie schon in Burnum?", fragt Russell Crowe. „Ja, schon vor Jahren." Burnum war die Militärsiedlung der Römer, Asseria die Zivilstadt. Der Eingang zu Burnum fällt jedem auf, der von Zadar nach Knin fährt, weil urplötzlich, mitten in der Landschaft, ein einsamer Triumphbogen steht.

„Wir sind beide in Pension", sagt Russell Crowe, der ziemlich knackig aussieht. „Wir tun zu Hause für uns Wein anbauen, Olivenbäume haben wir auch, ein paar Hühner, ein Schwein, was man halt so braucht. Dazu die Pension. Das geht sich aus."

„Und warum seid ihr für eure Brotzeit hier heraufgekommen?"

„Jeden zehnten im Monat treffen wir uns am Markt in Benkovac." „Ah", antwortete ich, „da kommen wir auch gerade her." „Toll, was?" Attila wischt sich die vor Fett triefenden Lippen ab. Ob er auf dem Markt etwas gekauft hat? Nein, hat er nicht, er war nur schauen. Die Preise vergleichen, und so. Sie kauften nur das Spanferkel ein, das sie jetzt verzehren. Er deutet auf seinen Nachbarn. „Aber der da, der hat Ihnen was anderes zu sagen." „Hier", spricht der Gladiator feierlich, erhebt seine muskulösen Arme in den Himmel und neigt seinen Quadratschädel mit dem kurz geschorenen Haar zu Boden, „befinden wir uns an einem Kraftplatz. Spüren Sie es?" Ich wende meine Augen von seinem Bizeps ab und pflichte ihm bei. Ich fühle mich tatsächlich zum Bäumeausreißen stark. Aus allen Himmelsrichtungen strömt Energie auf uns ein. Aus allen. „Niemand", sagt Russell, „in dieser Gegend ist krank, niemand hat Krebs. Die Leute werden steinalt. Es ist phänomenal." Und dennoch ziehen die Menschen weg, denke ich. Der Muskelmann nimmt einen tiefen Schluck aus einer Wasserflasche. „Jeden Monat fülle ich unten, am Fuße des Hügels, das Trinkwasser ab. Es kommt frisch aus dem Berg und hat Heilkraft. Zu Hause fülle ich es in einen Behälter aus Ton um, dort bleibt es kühl." Dann fragt er mich, ob ich einen Stift dabei hätte. Ich habe. Er reißt ein Stück vom Jausenpapier ab, glättet es mit dem Handrücken und zeichnet darauf die Orte Nin, Nadin, Asseria, Burnum und Bribir ein. Er hat kräftige Hände. „Diese Orte", behauptet er, „liegen auf einer Kraftlinie, die schon den Illyrern bekannt war." Ich glaube es ihm.

In Burnum waren die römischen Legionen stationiert.

Alberto Fortis schreibt, die höchste Tugend der Morlacken sei die Gastfreundschaft: *„Der Morlacke, gastfrey und großmüthig von Natur, öffnet jedem Reisenden seine arme Hütte."* Er sei aber viel zu gutgläubig, was die Italiener ausnutzen würden, *„sodass das Zutrauen der Morlacken sehr abgenommen hat, Argwohn und Misstrauen wachsen. Ein Morlacke bückt sich nur vor den Gerichtsherren der Städte und vor den Advokaten, denen er nöthig hat. Er liebt keinen von beiden."* Mit Geld könne man leider nicht umgehen: *„Die häusliche Ökonomie wird von den Morlacken sehr vernachlässigt, sie verschwenden, sobald sich eine Gelegenheit bietet, in einer Woche, womit sie viele Monate hätten feiern können. Eine Hochzeit, ein Festtag des Familienpatrons, die Ankunft eines Verwandten oder Freundes machen, dass das ganze Haus sich ohne Mäßigung der Freude, dem Essen und Trinken überläßt. Was seine Kleidung angeht, ist der Morlacke jedoch haushälterisch. Er würde nie im Regen mit seiner roten Kappe und seinem bestickten Wams ins Freie treten. Was die Pünktlichkeit angeht, ist er sehr genau, wenn ihm nicht unwiderstehliche Hindernisse in den Weg kommen. Borgt er Geld aus, und kann er es zum Termin nicht zurück zahlen, und gewährt ihm der Creditor eine verlängerte Frist, so kann es geschehen, dass er, ohne darüber nachzudenken, von Termin zu Termin, das Doppelte von dem zurückzahlen muss, was er schuldig war."*

Italiener und Morlacken schätzen sich nicht. *„Die Italiäner werfen ihnen ‚Lanzmanztreue' und auch ‚Hundetreue' vor, die Morlacken sagen nur ‚Italiänertreue'."* Was die Religion der Morlacken angeht, die sowohl orthodox wie auch katholisch und in den Randgebieten muslimisch waren, so sind alle drei vor allem abergläubisch: *„… sowohl die von der römischen wie auch der griechischen Kirche glauben an Hexen, Poltergeister, Zauberer und Vampire, haben die tiefste Ehrerbietung vor ihren Priestern und hängen gänzlich von ihnen ab. Nicht selten erstreckt sich die Aufmerksamkeit ihrer Seelsorger auch auf ihren Cörper: sie werden auf soldatischem Fuß von ihnen behandelt und müssen den Rücken ihren Stockschlägen darbieten. Von ihrer Gutherzigkeit und Leichtgläubigkeit wird großer Missbrauch gemacht. Sie müssen für abergläubische Zettelchen, Zapiz genannt, bezahlen. Diese Heiligenbildchen werden mit erfundenen Geschichten versehen. Oft pflegen die Morlacken diese in ihre*

„Der Morlacke, gastfrey und großmüthig von Natur, öffnet jedem Reisenden seine arme Hütte."

Mützen und unter die Hemden zu nähen, um sie bei sich zu tragen. Es ist merkwürdig, dass auch die Türken aus ihren angrenzenden Örtern kommen, um sich von den christlichen Priestern Zapize machen zu lassen, wobei die Türken Marienbilder bevorzugen mit denen sie Messen auf römische Art halten."

Die Frauen seien, laut Fortis, sehr gesund, sie bekämen ihre Kinder am Feld und würden danach gleich wieder weiterarbeiten. Nach der Geburt tauche man die Neugeborenen ins kalte Wasser. Die Frauen seien zum Arbeiten da und müssten am Boden schlafen. An Festtagen putzen sie sich heraus. Ihren bestickten, mit feinen Spitzen besetzten Trachten, ihren Hüten und Beinkleidern widmet er mehrere Seiten. Ungeschickt seien die Morlacken auf technischem Gebiet und im Ackerbau: *„Die Pflüge derer sie sich bedienen und die übrigen zum Landbau gehörigen Werkzeuge scheinen von der ersten Erfindung zu seyn."* Ein besonderes Talent hätten sie aber für den Beruf des Soldaten, ohne sie hätte man die Türken nicht zurückgedrängt. Zu den Morlacken, die auf den Inseln leben, hätten jene des Hinterlandes ein gespanntes Verhältnis, da sich die von den Inseln zu oft mit den „Italiänern" vermählten. Vor einem Stamm, den „Haiducken", zeigt Fortis große Ehrfurcht. Es handle sich bei ihnen um Ehrenmänner, auch wenn sie Räuber seien. Gewinnt man sie als Beschützer, kann man vor allen Überfällen sicher sein.

~

In die Dörfer des Hinterlandes, die nach dem Krieg vor zehn Jahren noch beinah menschenleer waren, kehrt nur sehr eingeschränkt Leben zurück. Die alten Friedhöfe erzählen vom einstigen friedlichen Zusammenleben der Religionen, Gräber mit lateinischer neben Gräbern mit kyrillischer Inschrift, hie und da statt eines Kreuzes ein Titostern. Schulgebäude verfallen. Häuser sind unbewohnt.

Wir hielten vor dem einzigen Haus eines Dorfes, das bewohnt wirkte. Die Fassade, von Granatsplittern durchlöchert und noch nicht restauriert, faszinierte den Fotografen. Wir warteten am Gartentor, Arnold fragte höflich, ob er das Haus fotografieren dürfe. „Klar", sagte der Mann, „tun Sie das nur." Alle seine Kinder seien fort, alle in Norwegen. „Unsere Kirche", sagte er und zeigte auf ein großes Loch im Boden neben seinem Haus, „stand einmal hier. Sie haben uns dann die neue dort gebaut." Eine or-

thodoxe Kirche, im Stil jedoch katholisch. Man weiß sich zu helfen, wenn die EU Vorschriften macht. Die Schule gegenüber, berichtete er, gebe es nicht mehr, es sei auch nur ein einziges Kind im Dorf. Das fährt jetzt nach Kistanje mit dem Schulbus. Im Hintergrund stand seine Frau reglos in der Haustür und sprach kein Wort. „Bitte, trinken Sie mit uns einen Kaffee", sagte der Mann der gar nicht so abweisend war, wie er aussah. Was nun folgte, war ein Ritual, das sich öfter auf unserer Fahrt durch die vergessenen Dörfer wiederholte. In der ungemütlichen Küche, die sich in der Garage befindet,

Wir hielten vor dem einzigen Haus eines Dorfes, das bewohnt wirkte.

63

kochte die Frau türkischen Kaffee, dazu servierte sie ihren selbst gemachten Weichsellikör. Sie wischte den Tisch sauber und deckte das schöne Porzellan mit dem Goldrand auf. Aus einem Packerl nahm sie Kekse aus dem „Konzum". Dann saßen wir da und der Hausvater berichtete von seinen Kindern in der Fremde. In diesem Fall erzählte er von Norwegen, wo er schon drei Mal gewesen war. „Nun müssen wir aufbrechen", log ich. Wir wollen ins Kloster Sveti Arhanđel, dort warte man schon auf uns. „Ja, dann", sagte er und freute sich, dass wir zu „seiner" serbischen Kirche wollten.

~

Das Kloster des „heiligen Erzengel Michael" liegt im stillen Tal der Krka, der Ort, aus dem man dorthin gelangt, heißt Kistanje, ein Markt, der durch die Hauptstraße, die nach Knin führt, geteilt wird. In der nördlichen Hälfte leben die Katholiken, in der südlichen die Orthodoxen. Die kroatische, das Dorf dominierende Kirche ist neu, an ihr ist alles spitz, an ihrer Seite befindet sich die neue Schule, die in frischem Dottergelb leuchtet. Davor steht der Schulbus. Die behäbige, orthodoxe Kirche, an der alles rund ist, liegt an der Seite, die zur Krka führt. Vor ihr ist der Marktplatz, auf dem ein Denkmal aus der Partisanenzeit steht. Die Häuser entlang der Hauptstraße sind unbewohnt, teilweise zerstört. In den aufgelassenen Gärten wuchern Oleander und Feigen, Walnüsse und Weinreben. Die Häuser an der orthodoxen Seite scheinen zum Teil bewohnt, sie sind, der Bauweise nach zu schließen, aus der kommunistischen Ära. Die Geschäftslokale im Parterre sind leer, die Scheiben der Schaufenster mit Plakaten der HDZ, der katholisch-konservativen Rechtspartei, verklebt, am letzten Sonntag haben Wahlen stattgefunden. Von einem Plakat blickte uns das Konterfei von Ivo Sanader entgegen. Wie war das möglich, der Mann saß schon seit zwei Jahren in Haft? Als wir an einem nächsten Plakat der HDZ vorbeigingen, merkte ich, dass es gar nicht Ivo Sanader war, der mich da anlächelte. Es war der Bürgermeisterkandidat, der ihm ähnlich sieht.

Ein Schild an einer Kreuzung wies zum Kloster. Bei meinem Besuch vor fast zehn Jahren war es noch nicht da gewesen, man hatte orthodoxes Kulturgut damals ignoriert. Vor dem neuen Rathaus mit der im Winde wehenden, unvermeidlichen rot-weiß karierten Flagge auf dem Masten, kleine Buben auf Rädern. Und dann der neue Ort. Sie haben Kistanje tatsächlich wieder aufgebaut.

Vierzig unverputzte Einfamilienhaus-Klone aus roten Ziegeln. Gleich anschließend der Müllplatz, daneben ein neuer Friedhof mit zu vielen neuen Gräbern.

Vierzig unverputzte Einfamilienhaus Klone aus roten Ziegeln. Gleich anschließend der Müllplatz, daneben ein neuer Friedhof mit zu vielen neuen Gräbern. Berge von Plastikblumen türmen sich über manchen, die Menschen starben durch Granaten, verbrannten im Schlaf. Keine Familie gibt es hier, in der nicht einige Mitglieder den Tod durch Gewalt fanden. Im letzten Balkankrieg, zwischen 1991 und der „Operation Sturm" 1995, aber auch im Zweiten Weltkrieg, als die kroatischen Faschisten auf Serbenjagd gingen und sich die Serben entsprechend rächten. Es scheint ein altes, in den Menschen tradiertes Verhalten zu sein, das gerade hier zu solcher Grausamkeit führte. Alberto Fortis schrieb über die „Morlacken": *Wie die Freundschaft fest ist, so ist auch die Feindschaft anhaltend, meist unauslöschlich. Sie wird vom Vater auf den Sohn fortgepflanzt, und die Mütter vergessen nie, ihren noch zarten Söhnen unaufhörlich die Pflicht einzuprägen, ihren Vater zu rächen, wenn er von jemandem umgebracht worden ist. Es heißt: ‚Wer sich nicht rächt, ist nicht gerecht.'*

Kistanje

~

Wir fuhren querfeldein zur Krka hinunter, an deren Ufern das Kloster in eine idyllische grüne Landschaft eingebettet ist, die man hier nicht erwarten würde. Im Winter pfeift die eiskalte

Bora über die Senke hinweg, in der ein mildes Klima Landwirtschaft und Gartenkultur ermöglicht. Es war vieles anders als bei meinem ersten Besuch, als im Park noch die kroatische Polizei patrouillierte und mir ein Mönch den Eintritt in das Kloster mit einer Handbewegung hin zu meinen kniekurzen Hosen verwehrte. Nun stand ein Touristenbus aus Šibenik vor dem Tor, dem eine Gruppe lärmender Holländer entstieg. Das Tor zum Kloster stand offen. Ein wohlbeleibter Mönch mit langem Bart und Haarknödel im Nacken begrüßte freundlich die Besucher, der Eintritt war frei, die Klosterkirche kitschig, voller Goldglanz. Die Frauengesichter der Ikonen strahlten magische Erotik aus. Wir folgten den Holländern in die Katakomben, der eigentlichen Kloster-Attraktion. In einer Nische lagen die Gebeine von Menschen. Sie stammen, sagte der Führer der holländischen Gruppe, aus frühchristlicher Zeit, als sich die Christen hier vor den Horden der Hunnen versteckten. Trotz seiner interessanten Geschichte finde ich dieses Kloster, in dem ein orthodoxes Konvikt untergebracht ist, nicht so schön wie das Kloster von Krupa. Das Bezaubernde von Sveti Arhanđel ist die Landschaft. Die Krka fließt in einem milchigen Smaragdgrün träge durch ein stilles und friedvolles Tal. Sie ist von Knin bis zu den berühmten Wasserfällen schiffbar. Unter dem Kloster weideten die Schafe, und der Wald, der bei meinem ersten Besuch im Trockenen gelegen war, stand nun einen halben Meter unter Wasser. Es hatte im April und im Mai tagelang in Strömen geregnet.

Der Wanderweg am Ufer der Krka führt über einen Deich, man kann ihn auch mit dem Rad befahren. Gesäumt wird er von Laubbäumen und rankenden Pflanzen mit betörendem Duft, von Geißblatt, Wicken und wilder Clematis. Und erst die Vögel. „Sind das nicht Kolibris? So klein", rief ich, um Arnold aus dem Sumpfwald herauszulocken, ich fürchtete, er könne im Morast versinken. Und natürlich weiß ich, dass es hier keine Kolibris geben kann, wir sind in Europa, aber vielleicht waren es Zwergfinken oder Zaunkönige. Die Frösche quakten um die Wette. Zu Tausenden lagen sie faul auf der Wasseroberfläche eines Teiches, hatten ihre Hälse zu Ballons aufgeblasen, ein Teppich aus Schleim und Luftblasen bewegte sich im Walzertakt. Ich solle mich auf die Bank am Ufer setzen, sagte Arnold,

„Sind das nicht Kolibris? So klein", rief ich, um Arnold aus dem Sumpfwald herauszulocken.

Sveti Arhanđel, serbisch-orthodoxes
Kloster an der Krka, birgt einige Schätze.

Am trägen smaragdgrünen Fluss
ist endlich wieder Frieden.

er machte von mir ein paar Fotos. Das grüne Wasser, gesäumt von stehendem Schilf. Göttliche Stille. Dann der Motor, ein Ausflugsschiff auf der Fahrt Richtung Šibenik, winkende Passagiere. Wir winkten zurück.

~

Knin, die altkroatische Königsstadt, der strömende Regen, der auf uns plötzlich niederprasselte, passte gut zur Stimmung im Ort. Wir parkten vor der Bronzestatue des kroatischen Königs Tomislav. Er trägt einen Schnauzer, blickt grimmig in die Gegend, in der Hand hält er das Kreuz. In der Kneipe, gleich daneben, stieren verlorene Seelen ins Nichts, auf den klobigen Tischen Reihen von leer getrunkenen Bierflaschen.

Vor dem Krieg waren achtzig Prozent der Bewohner der Stadt Serben. In der roten Ära war Knin eine hässliche und langweilige Provinzstadt gewesen, aber ein wichtiger Eisenbahnknotenpunkt. Nun ist es nur noch langweilig und hässlich. „Kein Mensch in Kroatien fährt mit dem Zug", sagte ich zu Arnold. Eine Behauptung, die ich bald zurücknehmen musste. Ein Bekannter war von Marburg/Slowenien über Zagreb und Knin im Zug nach Zadar gereist, er brauchte dafür zwölf Stunden und behauptete, der Zug wäre erstens sehr komfortabel gewesen und zweitens voller Studenten, die nach Split unterwegs waren. Er selber musste, da er nach Zadar wollte, in Knin umsteigen. Durch Kroatien mit dem Zug zu reisen ist langwierig, aber es ist möglich. Der Verkehr auf den Autobahnen hat den Bahnverkehr ins Unbedeutende verdrängt, viele meinen, das sei schade. Nostalgisch erinnern sie sich daran, wie bequem und sicher man in der Titozeit mit der Eisenbahn über Knin nach Zagreb und Belgrad reiste. Die Autostraßen waren damals viel zu gefährlich, Unfälle an der Tagesordnung.

~

Nostalgisch erinnern sie sich daran, wie bequem und sicher man in der Titozeit mit der Eisenbahn über Knin nach Zagreb und Belgrad reiste.

69

Unter Tito wurden die Serben der „Krajina" in Kroatien bevorzugt mit Posten in der Partei und in der öffentlichen Verwaltung versorgt. Als Franjo Tudjman im Mai 1990 bei den ersten freien Wahlen in Kroatien an die Macht kam, verbot er die kyrillische Schrift, was er sich hätte sparen können, da sie nicht mehr im Umlauf war, und begann damit, die mit Serben besetzten Posten für Kroaten frei zu machen. Die kroatische Flagge, die in einer Variante auch von den Faschisten verwendet worden war, wehte weithin sichtbar von der kroatischen Königsburg in Knin und zeigte allen, wer nun der Herr in Knin war. Als Reaktion riefen die Serben nach einem Referendum am 2. September 1990 die „autonome Region serbische Krajina" aus, die bis in Küstennähe reichte. Sie umfasste ungefähr jene Gebiete, die Alberto Fortis als „Morlachey" bezeichnete. Anders jedoch, als zu dessen Zeiten, als sich alle Konfessionen noch gut miteinander vertragen haben, gab es nun, bedingt durch den Zweiten Weltkrieg, alte Rechnungen zu begleichen, kroatische Bewohner wurden aus ihren Häusern vertrieben.

Nach der Unabhängigkeitserklärung Kroatiens am 25. Juni 1991 erklärten sich die Krajinaserben dem kroatischen Staat gegenüber illoyal. Sie blockierten die Straßen zur Küste mit Baumstämmen, um dem Tourismus zu schaden. Im Herbst nahmen serbische Freischärler, unterstützt von der jugoslawischen Volksarmee, Vukovar, Osijek, Karlovac, Split, Zadar, Šibenik und Dubrovnik unter Beschuss.

Wir fuhren den steilen Weg zur Burg hinauf. Unter dem steinernen Torbogen hatten sich ein paar Jugendliche vor dem strömenden Regen in Sicherheit gebracht. Sie rauchten und lungerten herum, jeder zweite Jugendliche in Knin ist arbeitslos. Wir lösten zwei Eintrittskarten, nahmen zwei Schirme mit, und erkundeten die historischen Mauern.

Auf dem exponierten Aussichtspunkt des Burgfrieds steht ein Denkmal, das an Dr. Franjo Tudjman erinnern soll: *„Auf der Festung von Knin küsste Franjo Tudjman die kroatische Flagge. Er erhob seine Arme so, als würde er mit den Händen einen Globus umfassen, eine Geste, die an Anto Pavelić, den kroatischen Ustuša-Führer erinnerte. Dann kniete er nieder, beugte seinen Kopf und seinen Rücken, er beugte die Arme, und presste die Hände zu Fäusten."* (Aus: Misha Glenny, „The fall of Jugoslavia")

~

71

Königsburg Knin.
Franjo Tudjman ließ
sich hier verewigen.

72

In Knin begann 1991 der Krieg. Im Hintergrund die bosnischen Berge.

Franjo Tudjman (1922–1999), in den 1950er-Jahren General der jugoslawischen Volksarmee und Präsident des Fußballclubs „Partisan Belgrad", gründete 1965 in Zagreb das „Institut für die Geschichte der Arbeiterbewegung", wo er die Nase zu tief in kroatische Heldenepen steckte und bald als Direktor des Instituts entlassen und eingesperrt wurde. 1971 fand er sich mit anderen kroatischen Intellektuellen der Partei im „Kroatischen Frühling" wieder, dessen Ziel mehr Unabhängigkeit vom dominierenden Belgrad war. Er wurde an den Rand der Partei gedrängt und zeitweilig unter Hausarrest gestellt. In den späten Achtzigerjahren avancierte er zum Führer der „Kroatischen Demokratischen Union HDZ".

Über ihn, den ersten demokratisch gewählten Präsidenten Kroatiens, schreibt ein Diplomat des Außenministeriums in Wien nach einem Besuch im Präsidentenpalast von Zagreb: *„Bei offiziellen Auftritten trug er stets eine überdimensionierte Schärpe in den Nationalfarben, das rot-weiß-rote Schachbrettmuster war allgegenwärtig. Wir fuhren die Altstadt hinauf, wo der Amtssitz des Präsidenten lag. Vor dem Palast standen zwei Soldaten in knallroten Uniformen mit einer Unmenge von goldenen Kordeln sowie einer seltsam geformten Kappe und einer Art Hermelinüberwurf. Als wir eintrafen, vollführten die Soldaten groteske Bewegungen, mit denen wir offenbar begrüßt werden sollten. Es wurde uns später glaubhaft versichert, dass Tudjman selbst die Uniformen und die Choreografie entworfen hatte (…). Wir wurden in den Sitzungssaal geleitet, wo wir an einem monströsen Tisch Platz nahmen, der wohl ein Relikt aus der nicht fernen kommunistischen Zeit war. Die österreichische Delegation erkundigte sich nach den Problemen Kroatiens und wie man am besten helfen könnte. Damit war unausgesprochen der Einsatz politischer und diplomatischer Mittel*

Gotovina und die kroatische Flagge, im einstmals serbisch besiedelten Gebiet.

„Bei offiziellen Auftritten trug er stets eine überdimensionierte Schärpe in den Nationalfarben, das rot-weiß-rote Schachbrettmuster war allgegenwärtig."

73

gemeint. Umso größer war das Entsetzen, als Tudjman zu einer emotionalen Suada über die seit dem Mittelalter existierende staatliche Souveränität Kroatiens anhob und zwischendurch unablässig die Lieferung von Waffen forderte, um im epochalen Kampf mit den Serben Chancengleichheit zu haben." (Aus: Thomas Schuller-Götzburg, „Erinnerungen an Jugoslawien. Das Jahrzehnt der Zerstörung. 1991–2001")

~

Der Regen hatte nachgelassen, von der Königsburg aus folgten unsere Augen der mäandernden Krka, blieben im Netz der Verschubgleise hängen und wanderten zum Regenbogen, der die Stadt überspannte. Er berührte den Fuß des gegenüberliegenden Berghanges, an dem etwas Weißes war. Ich fragte den Burgwärter, der an der Kasse gerade eine Wurstsemmel vertilgte und viel Zeit für uns hatte, was dieser weiße Fleck bedeute. Er sagte, es sei ein Wasserfall und heiße Krčić. „Kann man dort hin?" „Ja." Und was ist nun die Krčić? Die Quelle der Krka? „Nein und ja."

Quer durch die graue Stadt fuhren wir an den Ort, den ich für den Ursprung der Krka hielt. Das Schild zur letzten Abzweigung war von Hand beschrieben, die enge Straße führte durch ein herabgekommenes Dorf, das auf seine Entdeckung als kulturhistorisch wertvolles Ensemble noch wartet.

Angenehme Kühle drang durch die Autofenster. Wir fuhren entlang eines Wildbachs, fanden einen Parkplatz, eine Hinweistafel und einen über einen Felsen in die Tiefe donnernden mächtigen Wasserfall. Die kühle, von zerstäubtem Wasser erfüllte Luft tat uns gut. Die Krčić fällt in Kaskaden über den Felsen, unter ihr drängt die Krka aus dem Felsen ins Freie. Ein paar Hundert Meter lang fließen beide Bäche getrennt, dann finden sie zusammen und heißen nur noch Krka.

Die Krčić fällt in Kaskaden über den Felsen, unter ihr drängt die Krka aus dem Felsen ins Freie.

74

Krka und Krčić. Nur alle zwanzig Jahre ein Schauspiel.

Ein Paar stand Hand in Hand auf der Brücke und genoss den Anblick. Der Mann war dürr, das Gesicht fahl, die Frau üppig und noch üppiger behängt mit Doublé-Goldschmuck. An der Leine führte sie einen weißen Pudel. „Sie kommen aus Österreich?", fragte der Mann in gebrochenem Deutsch. Er habe in Linz gearbeitet, sei heimgekehrt und schon lange arbeitslos. Mit seiner Frau komme er jeden Tag her, der Wasserfall sei nicht immer so mächtig, es sei nur alle zwanzig Jahre so, wenn es im Frühjahr kräftig regnet. „Sie haben Glück", sagte er mit einem traurigen Lächeln.

~

Auf dem Rückweg zwischen Ervenik und Burnum begann uns der Hunger zu plagen. Auf einem Schotterweg gelangten wir in eine Siedlung, in der sich zwei Männer entdeckt fühlten, als wir sie beim Ausschlachten alter Autos störten, wir sahen zu, dass wir weiterkamen. Vorbei an Kraut und Tabakfeldern erreichten wir eine Senke, in ihrer Mitte gurgelte lustig ein Bach, dessen Ufer von Nussbäumen, Feigenbüschen und hohem Gras gesäumt war. Über ihn führte in einem Bogen eine alte Brücke aus Stein, eine Miniversion der Brücke von Mostar. An ihrem Ende stand, wie in einem Märchen der Gebrüder Grimm, ein Räuberwirtshaus. Unter Weiden und Linden am Bachufer Bänke und Tische, sie waren mit der Motorsäge aus Stämmen herausgeschnitten, und zwar in der Art, dass man kleinere und größere Stämme einfach halbierte. Auf einer solchen Bank, die ein in Österreich fleißig arbeitender Kosovare für mich und meinen Garten fabriziert hatte, zog ich mir einmal einen Schiefer in eine Pobacke ein, es war die rechte. Sehr vorsichtig also nahm ich Platz, Arnold setzte sich unbekümmert. Der schlanke Lindenbaum, der uns beschirmte, blühte und verströmte einen beglückenden Duft. Am Nebentisch saßen Asterix und Obelix und nagten an etwas Fettem. „Gibt's was zu essen?", fragte ich die resche Kellnerin, sie hatte ein hübsches Gesicht, eine tolle Oberweite und eine Wespentaille – und war trotzdem grantig. „Ja", sagte sie, „Lamm am Spieß." „Und sonst?" „Nichts." „Salat? Kartoffeln?" „Sie können Brot dazu haben." Laut riefen wir: „Fein! Und dazu bitte zwei Zitronenradler von Ožujsko." Sie brachte das Gewünschte, dazu sogar Gabeln und Messer, doch

Uriges Wirtshaus
am Lande

75

bald taten wir es unseren Nachbarn gleich. Wir aßen mit den Fingern, wir nagten und knabberten und warfen die Knochen und Knorpel in den Bach.

~

Am nächsten Tag fuhren wir schon um sechs los und verfuhren uns mehrere Male. Der Grund dafür waren Straßenbauarbeiten und die unterschiedlichen Auskünfte, die wir von Befragten erhielten. Ich wollte unbedingt zum türkischen Han in Mašković, der den Namen des Erbauers, Jusuf Mašković, trägt, ein osmanischer Würdenträger, der sich die Karawanserei Anfang des 17. Jahrhunderts erbauen ließ. Sie ist das einzige noch erhaltene Bauwerk aus osmanischer Zeit.

Freundlich informierten uns die Menschen, die sich über unsere Fragen freuten, über alles Mögliche, nur nicht über das gewünschte Ziel. An zwei jüngere Frauen, denen wir in einem Dorf begegneten, werde ich mich ewig erinnern, sie schienen einem Film des italienischen Neorealismo der Fünfzigerjahre entstiegen zu sein, Anna Magnani und Sofia Loren ungeschminkt. Die Frauen kamen vom Feld. Die eine mit einem Krampen über der Schulter, die andere mit einer Sichel im Korb, große, kräftige, schwitzende Frauen. Nein, wie man von hier nach Mašković käme, wüssten sie nicht genau, „vielleicht so herum oder so, aber, entschuldigen Sie bitte, wir sind nicht oft hier." Woher sie denn seien? „Aus Belgrad", sagten sie. Sie kämen ein Mal im Monat her, um ihrer Mutter zur Hand zu gehen, diese sei alleinstehend, fünfundachtzig und lebe da oben. Sie zeigten auf ein altes Steinhaus mit einer Pergola davor und Tausend Steinstufen, die zum Haus hinauf führten. Die Mutter wolle nicht nach Belgrad, sie wolle hier ausharren, sie habe hier alles, was sie brauche. Wein, Kraut, Kartoffeln, Walnüsse, Kirschen, Tomaten, Salat. Von allem ein bisschen. Ausreichend in jedem Fall. Sie könne Obst und Gemüse auch noch selber aus dem Garten und vom Feld holen, nur Unkraut jäten und umgraben, das könne sie nicht mehr. Die beiden ließen sich gerne fotografieren, Arnold wollte ihnen die Fotos schicken. Eine der Schwestern gab ihm ihre Adresse, sie sei im Sommer in Karin, wo sie ein Apartment vermiete, sie ersuchte, die Adresse weiterzugeben. Der Ort liegt nur eine halbe Stunde von Zadar entfernt, am Meer, das wie ein See aussieht. Es ist nur durch einen Kanal mit der Bucht von Maslenica verbunden, die auch wie ein See aussieht, der in die Bucht von Novigrad

Wein, Kraut, Kartoffeln, Walnüsse,
Kirschen, Tomaten, Salat.
Von allem ein bisschen.
Ausreichend in jedem Fall.

Noch ist es nicht ratsam, Brachland
zu betreten (Minenwarnung).

Unerwartete Endstation

(bei Zadar) mündet. Serben, so heißt es, sind Binnenlandbewohner, die sich lieber an Seen und Flüssen ansiedelten, und so dachten sie wohl bei der Gründung von Karin, es handle sich um eine Art See, der im Übrigen einen Vorteil hat: das Wasser hier ist früher und länger warm als das offene Meer. Wer im April oder November noch schwimmen will, der fahre auf Urlaub nach Karin!

~

Die Landstraße war voller Schlaglöcher, der Zement voller Risse, der Straßenrand brüchig. Die Dörfer schienen verlassen. Hier und dort standen halbfertige Bauten aus roten Ziegeln, den einen fehlte das Dach, den anderen eine ganze Haushälfte. Kein Zeichen dafür, dass die einstigen Bewohner wirklich hierher zurückwollen. Eine gebeugte alte Frau in einem weiten, schwarzen Wollrock und einer schwarzen, kurzen Strickweste hütete am Wegesrand ihre Ziege. Wir fuhren ganz langsam, grüßten freundlich aus dem offenen Autofenster heraus, fragten, ob wir sie fotografieren dürften, sie hob als Antwort drohend ihren Stock. Nach einer Kurve tauchten an einer Straßengabelung Häuser aus Zement auf, an deren Fassaden sich die Spuren von Granattreffern zeigten, ein blassroter Titostern leuchtete uns von einer Gedenktafel aus dem Zweiten Weltkrieg entgegen. Die Ustaša hatte auch hier Serben verfolgt und ermordet. Die Partisanen hatten sie gerächt. Die Gedenktafel des Partisanenverbandes befand sich auf einem Podest, von einer Fahnenstange gleich daneben wehte das kroatische Fürstenbanner. Ich fuhr im Schritttempo. Gott sei Dank, *Hvala Bogu,* denn so sah ich die Schildkröte rechtzeitig langsam über die Straße vorwärts kriechen. Sie wollte zum Wegesrand, der von einer hohen Steinmauer begrenzt war. „Da kommt sie nicht rüber", sagte ich und parkte das Auto. Arnold war schon draußen, lag mitten auf der Straße auf dem Bauch und fotografierte das urzeitliche Tier, dessen Panzer in goldenem Braun in der Sonne schimmerte. Dann nahm er die Schildkröte mit einer Hand hoch, um sie auf die andere Seite des Platzes zu tragen. Sie hob ihr Köpfchen, ruderte mit den Beinchen und urinierte vor Angst. Er setzte sie ins wuchernde Gras, tätschelte freundschaftlich ihren Panzer und wünschte ihr eine gute Reise. „Jetzt musst du es alleine schaffen", sagte er. Später, als wir querfeldein durch eine mit hohem, vertrockneten Farn bedeckte Ebene kreuzten, ließ er mich an einer Warntafel, auf der ein Totenkopf abgebildet war, anhalten. Die „Minenwarnung" fand er cool. Dass es diesen letzten Krieg gab, dieses Relikt aus dem Mittelalter, versetzte den dreißig Jahre jungen Weltbürger auf unserer Reise immer wieder in Erstaunen.

Während der Fahrt checkte Arnold die Bilder, die er von der Schildkröte geschossen hatte. „Alleine", dachte ich, „wäre sie nie auf die andere Seite gekommen. Oder doch? Sie hätte sich einen Tunnel gegraben. Es hätte halt etwas länger gedauert."

Landschildkröte

Die Alarmglocken begannen erst zu läuten, als die Straße zum Schotterweg wurde, um an einer abgesperrten Baustelle zu enden, die nirgendwo zuvor angekündigt worden war, für wen auch.

„Die Schildkröte", sagte Arnold, „wäre das richtige Titelbild für unser Buch." Er dachte die ganze Zeit schon an das Cover. So ein Cover ist wichtig. Ganz Kroatien lebt von dem Cover, das die venezianische Stadt Rovinj, den weißen Sandstrand von Brač und das Segelparadies der Kornaten aus der Vogelperspektive zeigt. „Unser Cover", das wussten wir von Anfang an, sollte keines dieser Art sein. Und „unsere" Kroaten keine, die das rot-weiß-rote Schachbrettmuster als Unterhose tragen. Als Symbol, als Wappentier wäre die langsame kroatische Landschildkröte auf ihrem beharrlichen Weg zur Meeresküste ein viel treffenderes Titelbild. Wir philosophierten über das Land, das wir bereisten und unterhielten uns dabei prächtig, ohne die Rechnung mit unseren Kroaten zu machen. Die Alarmglocken begannen erst zu läuten, als die Straße zum Schotterweg wurde, um an einer abgesperrten

Baustelle zu enden, die nirgendwo zuvor angekündigt worden war, für wen auch. So ging es eben wieder den ganzen Weg zurück. Den Besuch der Karawanserei von Maškovići verschoben wir auf ein nächstes Jahr.

~

Am Abend zog es uns ins alte Seeräubernest Murter, das Jachttouristen gerne zum schicken Ausgangspunkt für ihre Segeltörns durch die Kornaten wählen. Im Gourmettempel „Tic Tac" war nur noch ein allerletzter Tisch frei. Laternen beleuchteten die armselige, enge Gasse, in der man die Tische an die Hausmauer gestellt hatte, so, dass noch Platz für die Fußgänger war. Wir nahmen den kleinen Tisch am Ende einer Gasse, an deren Ende die Mole beginnt. Dort, die Nacht war tiefschwarz, stand einsam auf dem mit Steinplatten gepflasterten Boden ein High-Tech-Aquarium auf vier dünnen Beinen, in ihm krochen bunte Langusten herum, sie waren hell beleuchtet, die Sauerstoffbläschen stiegen wie Kristallkügelchen in die Höhe bis an die Oberfläche. Der Ober parlierte in fünf Sprachen, wir einigten uns auf das Italienische. Die vier Herren hinter uns, von denen ein jeder wie ein Kapitän aussah, weil sich ein jeder wie ein Kapitän kleidete, stammten, ihrem Lallen nach aus Mürzzuschlag. Sie waren laut und sternhagelvoll, die neuen Herren der Adria. Nur der Hunger hielt uns davon ab, fluchtartig das Lokal zu verlassen. Nach einem Blick auf die Speisekarte, die alle Preise auch in Euro ausweist, und unserem internen Abkommen nach, uns die Reisespesen zu teilen, wählte ich eine Tomatensuppe und Arnold die Beilage. Mit Brot, das wir ins Olivenöl tunkten, gelang es uns, zu unserer Zufriedenheit zu speisen. Das Tic Tac, ein Klassiker unter den guten dalmatinischen Restaurants, wird unsere mager ausgefallene Konsumation verkraften.

> Mit Brot, das wir ins Olivenöl tunkten, gelang es uns, zu unserer Zufriedenheit zu speisen.

—

In Murter gibt es mehrere Restaurants der gehobenen Kategorie.

82

Murter

Inselskizzen

Im Archipel von Zadar

Zadar, ideale Stadt. Die Universität liegt direkt am Strand, Varoš, das Viertel dahinter, ist voller junger Leute, auf der Cale Larga, der Flaniermeile und auf der Piazza, dem Narodni Trg (Volksplatz) treffen sich die Älteren zum Tratschen. Am Forum Romanum spielen die Kinder zwischen den Resten römischer Säulen, Omas sitzen strickend auf den Kapitellen. Passanten führen ihre Hunde aus, das „Sackerl fürs Gackerl" ist wie die Leine verpflichtend, und das ist gut so. Es gibt mehr Kampfhunde hier als sonst wo. Dalmatiner, die man vermuten würde, nur selten. Die Meeresorgel ist jüngeren Datums. Wenn die Sonne untergeht, sitzen die Pärchen Händchen haltend auf ihren Stufen. Zadar ist voller junger Leute, die Kinderwägen schieben. Nur an den Wochenenden wirkt es leer, dann sind die Bewohner auf ihren Inseln, woher viele stammen. Durch Jahrhunderte war Zara/Zadar, und nicht Split, Sitz der venezianischen, später der österreichischen Verwaltung Dalmatiens, die letzte der Städte, die an einem autonomen Dalmatien mit italienischer Amtssprache festhielten. Reiseschriftsteller des 19. Jahrhunderts schreiben, Zara wäre die deutsche, Split die italienische und Dubrovnik die kroatische Stadt Dalmatiens. Wie auch immer. Zadar ist nach wie vor eine mustergültige, „österreichische" Beamtenstadt, sogar der Fährmann, der Barkajoli, der seine Gäste von der Altstadt ins Villenviertel rudert, ist ein Beamter.

Nahe der Anlegestelle des Barkajoli befindet sich die hübsche, in venezianischem Rot gehaltene Kapetanerija, der Sitz der Hafenbehörde. Dort habe ich bei einem charmanten Kapitän mein Schiffspatent gemacht. Gelernt hatte ich dafür nichts, der Kapitän hatte mich persönlich an drei späten Abenden in seinem Büro instruiert und

Ein Boot macht zwei Mal glücklich: wenn man
es kauft und wenn man es verkauft. Dazwischen
liegen Ärger, Reparaturen und Pflege.

86

Eine Fähre der
Jadrolinija. Ohne
die öffentliche
Schifffahrt wären
die Inseln schon
ausgestorben.

mir ein Skriptum verkauft, aus dem er mir bei der Prüfung einige Fragen stellte, auf die er gleich selber die Antwort gab. Nach bestandener Prüfung telefonierte der Kapitän mit einem Freund, der sich zufällig dazu entschlossen hatte, sein Boot zu verkaufen. Ich musste ihm versprechen, es mir anzuschauen, am besten noch am selben Tag. Der Kahn lag in der Marina Borik. Er war dreizehn Meter lang, frisch gestrichen und vierzig Jahre alt. Ich lehnte dankend ab.

Früher befand sich der Markt am heutigen „Forum Romanum", das ein Markplatz war. Nach den Bombardements der Alliierten im Winter 1944 wurde das Viertel dem Erdboden gleichgemacht. Die Bombentreffer legten römische Grundmauern, Tempelreste und Säulen frei. Heute befindet sich der Markt auf der Ostseite der Stadt. Noch gibt es die Marktfrauen, die ihr eigenes Obst und Gemüse anbieten, obwohl auf verdächtig vielen Obstkisten „Italia" steht. Das Villenviertel am Festland entstand zu Kaiser Franz Josephs Zeiten, jede Villa hatte ihre Bootsanlegestelle und in jedem Vorgarten stand eine Palme. Das „Maraska"-Gebäude mit seinem romantisch verwilderten Park war einmal die Zentrale der Maraschino-Fabrik, über ein Jahrhundert im Eigentum der Familie Luxardo, 1945 wurde die Fabrik „nationalisiert", seit zwanzig Jahren steht das schöne Gebäude leer, und es wechselte in dieser Zeit mehrmals die Besitzer.

Über den Ursprung des Maraschino-Likörs gibt es zwei Versionen, die kroatische besagt, dass die Rezeptur Anfang des 16. Jahrhunderts im Dominikanerkloster der Stadt erfunden wurde und man mit der industriellen Produktion im 18. Jahrhundert begann. Dass die Fabrikanten Luxardo den Likör weltberühmt machten, wird tunlichst verschwiegen. Die Luxardo, Diplomaten aus Genua, siedelten sich während des napoleonischen Intermezzos in Zara an, wo sie aus dem landesüblichen Weichsellikör „Rosolio" die Marke „Maraschino" entwickelten. Sie bauten die Brennerei aus, avancierten zu k. u. k. Hoflieferanten und belieferten auf dem Meereswege sogar die englische Königin Viktoria. Als Zara in der Zwischenkriegszeit eine florierende, italienische Freihandelsstadt war, nippten sowohl König Vittorio Emanuele III. wie auch Diktator Benito Mussolini am Maraschino, durch Letzteren geriet die Familie in das Fahrwasser der Faschisten, einer wurde Gouverneur, was nicht ohne Folgen blieb.

Im Winter 1944 wurde das Viertel dem Erdboden gleichgemacht. Die Bombentreffer legten römische Grundmauern, Tempelreste und Säulen frei.

Der Barkajoli,
der Fährmann
von Zadar

Piero, Nicolò und Bianca Luxardo wurden am 30. September 1944 von den Partisanen hingerichtet, ihre Leichname mit Steinen beschwert und vor dem Molo im Meer versenkt. Ein Überlebender, Giorgio Luxardo, errichtete in Torreglia bei Padua eine neue Brennerei. Meine Mutter, die so köstliche, altösterreichische Nachspeisen produzierte wie die „Maraschino-Ananas-Torte" oder die „geeisten Maraschino-Kugerln" behauptete immer, der jugoslawische Maraskino wäre, wegen der geschmackvolleren Weichseln, der gehaltvollere. Trotzdem kaufte sie, konsequent antikommunistisch eingestellt, nur die italienische Marke. Erst als sie, nach Titos Tod, in den Achtzigerjahren begann, mit mir nach Dalmatien zu reisen, wurde sie schwach und nahm von jedem Urlaub eine Flasche verstaatlichten Maraskino mit.

~

Das Zadar am nächsten gelegene Inselchen ist Ošljak, das wie ein aus dem Wasser ragender, grüner Hügel aussieht. „Igor Valčić, *drago mi je*, sehr erfreut", so hatte sich mir Herr Valčić, ein schlanker, gut aussehender älterer Mann vorgestellt, der vom Tourismusamt dazu ausersehen war, mich auf Ošljak herumzuführen. Er behauptete, dass neunzig Prozent der Einwohner auf Ošljak Valčić heißen, insgesamt gebe es auf der Insel heute dreihundert Namensträger. 1760 hatten sich die ersten Valčić, von Cres kommend, hier angesiedelt.

Ursprünglich trug die Insel den Namen „Lazaret". In Zeiten der Cholera musste man, bevor man in Zara an Land ging, auf Lazaret in Quarantäne, so hielt die Stadt sich mit mäßigem Erfolg die Seuchen vom Hals. Auf Lazaret hingegen starben die Leute wie die Fliegen. Igor Valčić lachte und zeigte in östliche Richtung. „Das Haus dort ist meines, und nicht nur ich fand beim Ausheben des Kellers in der Erde ein menschliches Skelett. Der Boden auf Ošljak ist voller Skelette." Ob ich das schreiben darf? Es wäre dem Ruf der Insel als Ferienparadies vielleicht abträglich. Er sagte, er habe nichts dagegen. „Sie sehen ja, wir leben alle bestens damit. Wir vermieten Ferienapartments, und zu jedem Apartment gehört auch ein Boot, weil man ohne Boot hier nichts anfangen kann." Durch die vor der Bora geschützte Lage gedeihen auf jedem Quadratzentimeter Gemüse und Obst, bis hinunter zum Meer. Herr Valčić pflückte für mich in seinem Garten eine riesige Frucht von einem Feigenbaum, der zwei verschiedene Sorten trägt, saftige, große, die im Juni reifen, und sich nicht zum Trocknen eignen, und kleine, die im September reifen, und die man trocknen kann. Als er ein Kind war, in den Fünfzigerjahren, besaß die Valčić-Sippe noch sieben Segelboote, Gajetas, mit denen sie täglich nach Zadar auf den Markt fuhren, um dort ihre Erzeugnisse zu verkaufen, jedes Kind konnte früher rudern als gehen. Die größeren Kinder ruderten täglich nach Preko in die Oberstufe. Wir pflückten Kapern von der bröckelnden Mauer des seit Jahren leerstehenden Schulgebäudes und warfen einen Blick in die winzige Kirche, die aus einem Glockentürmchen und einer kleinen Apsis besteht, sie stammt angeblich aus dem 6. Jahrhundert. Bald waren wir am Ende des Dorfes angelangt. „Baustopp", sagte Herr Valčić. „Ab hier ist nur noch Natur, es gibt einen Wanderweg rund im die Insel." Und weil die Leute normalerweise rechtsherum gehen, sobald sie aus dem Trajekt oder ihren Booten ausgestiegen sind, gingen wir auf meinen Wunsch links. Das war gut so, denn so brachten wir das Unangenehme rasch hinter uns. „Das da vorne", Herr Valčić zeigte auf einen kleinen steinernen Rundbau, „ist der Eingang zum KZ." „Wie bitte?" „Oh ja, weil hier im Zweiten Weltkrieg das von den Faschisten errichtete Konzentrationslager war. Allerdings nur das Auffanglager für das Lager in Molat." In wenigen Minuten waren wir beim zweiten Wächterhaus angelangt, danach begann gleich der Naturpark. Herr Valčić korrigierte mich: „Nicht Naturpark, sondern Parkwald, das ist ein Unterschied, weil wir in Kroatien Nationalparks, Naturparks und Parkwälder haben, in dieser Abstufung." Der Wald wirkte gepflegt. Seit einiger Zeit beschäftigt man einen Mann, der die Landschaft sauber hält. Ich fand, viele Inseln würden so einen Arbeiter mit Motorsäge und Müllsack brauchen. Es gibt in Kroatien schon seit Jahren eine Umweltsteuer, die dem Wald zugute kommen soll. „Die aber keiner zahlt", sagte Herr Valčić.

Nach einer halben Stunde hatten wir im Schatten des Wäldchens die Insel umrundet. Herr Valčić führte mich zu einem alten Boot,

Die größeren Kinder ruderten täglich nach Preko in die Oberstufe.

das an einem Felsen lehnte und vor sich hin rostete. Er streichelte es liebevoll: „Die meisten sind nach dem Zweiten Weltkrieg abgehauen. In kleinen Booten sind sie über die Adria nach Italien gerudert, einfach so. Das kommt davon, wenn Kinder schon im Babyalter rudern lernen. So kamen wir unbeschadet nach Ancona. Und von dort in die Welt."

~

Früher konnte man zwischen den Inseln Ugljan und Pašman bei Ebbe zu Fuß hin und her waten, in jugoslawischer Zeit wurde der „Kanal von Zdrelac" ausgebaggert, über ihn führt eine Brücke. Nun gelangt man mit Booten, die wenig Tiefgang haben, auf direktem Wege von Zadar nach Iž, Rava und in die Kornaten. Wollte man in alten Zeiten von Iž auf den Markt oder zur Arbeit nach Zadar, musste man sich schon um Mitternacht in Iž auf den Weg machen. Die Leute ruderten zuerst mit ihren Booten bis in die Bucht von Lamjana an der Westküste Ugljans, dann wanderten sie über den Berg nach Kali an die Ostseite, wo sie ein Boot nach Zadar nahmen, für das sie nur dann Fährgeld bezahlten, wenn es genug Wind zum Segeln gab. Bei Flaute mussten sie beim Rudern helfen und bekamen das Fährgeld zurück.

Ugljan bezieht Strom und Wasser vom Festland, der Tourismus kann sich hier entwickeln. Fünf Hotels und mehrere Apartmenthäuser sind an der Ostküste im Bau. Der gebirgige Teil im Westen mit seinen weißen Klippen, dem tintenblauen Meer und den Buchten, in denen das Wasser smaragdgrüne Flecken bildet ist, steht unter Naturschutz.

In Preko, dem Hauptort der Insel, gibt es alles, was der gesellige Mensch im Urlaub sucht: eine Marina, gute Lokale, ein Kaufhaus, kleine Läden, Pizzerias, sogar ein Kongresshotel, das ganzjährig offen hat, es gibt das Tourismusamt, die Kirche, ein Museum, eine hübsche, neu gestaltete Promenade mit neuen Bänken und neuen Palmen, die Duschen sind ebenso neu wie die Stufen, die von der Riva ins Meer führen, in dem man, sogar im Ortszentrum, in kristallklarem Wasser schwimmen kann. Über dem Strand weht die blaue Flagge, es gibt Duschen und WCs und Umkleideräume, ein idealer Strand für Omas und Enkel. „Oben ohne" ist hier, wie man es einem Schild entnehmen kann, nicht erlaubt.

91

„Oben ohne" ist hier, wie man es einem
Schild entnehmen kann, nicht erlaubt.

Die Patrizier aus Zadar ließen sich gegen
eine Spende auf dem Gottesacker des
Franziskanerklosters begraben.

Preko bedeutet auf Kroatisch „gegenüber". 1921, als Zara und einige Inseln italienisch wurden, blieb Ugljan bei Kroatien, der Ort Preko wurde Sitz der jugoslawischen Behörde. Wollte jemand vom kroatischen Olib nach Zara, so musste er einen Umweg über Preko machen, sich dort einen Pass ausstellen lassen, man fuhr ja in ein fremdes Land, auch wenn es nur der Markt von Zara war. Und nach Zara wollten viele. Es gab dort Theaterfestivals und Opernaufführungen mit den berühmtesten italienischen Tenören jener Zeit, es gab das Neueste an italienischer Mode und ein Kino. Viele junge Frauen aus Preko arbeiteten als Wäscherinnen in Zara. Einmal gerieten sie mit ihrem Boot in einen schlimmen Sturm, sie kenterten und kamen in den Fluten um. Ein Denkmal an der Riva erinnert daran ebenso wie ein älterer Gedenkstein auf der Klosterinsel Galovac.

~

Galovac ist nur achtzig Meter vom Ufer Ugljans entfernt. Ein Fährmann bringt die Gäste hinüber ins Paradies. Schirmkiefern beugen ihre Kronen bis zum Meeresspiegel hinunter, die braunen Nadeln der Pinien bedecken wie ein Teppich den Waldboden. Zwischen den schwarzen, krummen Stämmen ein blassblauer Himmel, Jachten gleiten mit geblähten weißen Segeln über das türkisfarbene Meer. Es duftet würzig nach Harz, im verwunschenen Klosterfriedhof ruhen Patrizier von Zara. Bruder Božo gab mir Einblick ins Klosterleben. Im Volksmund, so erzählte er, heiße Galovac „Skolić", das Wort käme aus dem Romanischen und bedeute „Klippe". Bruder Božo, der sportlich gekleidet war und nicht wie ein Mönch aussah, wurde von seinem deutschen Schäferhund „Rex" begleitet, sie leben zu dritt hier, mit Rex zu viert, und seien „Franziskaner der dritten Ordnung". Aus dem Jahr 1410 stammen die ersten Aufzeichnungen zur Klostergründung. Ein Bürger aus Zadar, Bartolomäo di Milano, wollte seine Sommervilla jenen Mönchen schenken, die bereit wären, hier für ihn zu beten. Seine Söhne suchten dreißig Jahre lang, bis sie willige Mönche fanden. „Beten Sie heute noch für Bartolomäo?", fragte ich Bruder Božo. Er wurde rot, ich konnte es ganz deutlich sehen. Seine Antwort kam etwas verlegen, er sagte: „Manchmal." Damit hatte er sicher nicht gelogen, und so konnten

„Beten Sie heute noch für Bartolomäo?", fragte ich Bruder Božo.

93

wir uns wieder den Fakten zuwenden, der *konoba*, wo der Wein in Fässern lagert und das Olivenöl in der aus Stein gehauenen *kamenica*, wo es nach Schinken und Käse duftet und wunderbar kühl ist. „Die Fenster waren mal größer", sagte der Bruder, „aber dann hat man sie zugemauert und Schießscharten hineingemacht." Ausgehungerte Piraten hatten es auf die klösterlichen Vorratskammern abgesehen, aber da die Franziskaner geübt waren im Umgang mit Waffen und Munition, verteidigten sie erfolgreich ihren Vorrat.

1789 wurde das Kloster von General Marmont zugesperrt, dreißig Jahre später mit Erlaubnis der neuen Herren Dalmatiens, der Österreicher, wieder aufgesperrt. Die Brüder bestellten Feld und Garten, produzierten Wein und Öl und trugen alle Einnahmen und Ausgaben brav in ein Haushaltsbuch ein, und zwar in der Glagolica, der altkroatischen Schrift. Diese setzte sich als Gebrauchsschrift gegen die lateinische Schrift nie durch, wurde aber in den Klöstern gepflegt und blieb auf diese Weise erhalten.

Wir nahmen im Refektorium Platz, um im Haushaltsbuch zu lesen. Alles war fein säuberlich mit Feder und Tinte aufgeschrieben geworden, „eine Zwiebel, 3 Lire" stand da, aber auch „Wein, 80 Lire, ein Fass". Ein Mal im Jahr war ein österreichischer Beamter vorbeigekommen, um die Ein- und Ausgaben des Klosters zu überprüfen. Bruder Božo erklärte mir die Buchstaben der Glagolica. „Und wo sind die Zahlen?", wollte ich wissen. Er deutete auf einige hin, aber das waren doch Buchstaben! Wie sollte man damit rechnen? „Eher nicht", meinte Božo.

Die Bibliothek des Klosters verwahrt ein interessantes Dokument aus 1747, das in lateinischer Schrift auf Italienisch verfasst ist, ein Grundbuch. Darin wird jedes Grundstück, das dem Orden gehörte, mit Worten beschrieben. Da ist zum Beispiel das Grundstück *„zwischen der Landstraße und dem Dorfrand an der nördlichen Seite, begrenzt von drei Olivenbäumen."* So geht es dahin, und wer weiß, wie vergänglich Landstraßen und Olivenbäume sind, wird nun verstehen, warum die österreichischen Beamten damit begannen das Land zu vermessen und ihm ein Grundbuch, den „Franziszeischen Kataster", zu verpassen.

Im Wirtschaftsgarten wachsen Zitronen, Mandarinen, Orangen und Limonen, mit der Ernte dieser Götterfrüchte könnte man leicht den

Im Wirtschaftsgarten wachsen Zitronen, Mandarinen, Orangen und Limonen.

Jahresbedarf eines ganzen Klosters stillen, wenn dieses nicht drei, sondern zwanzig Insassen hätte. Ob der Garten die Brüder dazu verleitet, ein Übermaß an „Limoncello", an Zitronenlikör zu brauen? „Nein, nein", beschwichtigte Božo. Man legte den Garten aus pädagogischen Gründen an. Die Franziskaner haben auf Ugljan viele neue Obstsorten und Gemüse eingeführt, um die Einheimischen zu eigener Gartenwirtschaft anzuregen.

Im Wäldchen gruben zwei Männer die Erde auf. Der eine, braungebrannt, muskulös mit nacktem Oberkörper, ein goldenes Kettchen mit goldenem Kreuz um den Hals. Der andere, ein Wohlgenährter in Hemd und Hose, auf dem Kopf eine Schirmkappe, wie sie schon weiland Lenin trug. Das war der Mönch, der Goldgeschmückte ein Helfer. „Hier haben wir", erklärte Lenin, „im Vorjahr einige Kiefern umgeschnitten. Seither wachsen die Eichen darunter wie verrückt, denn jetzt haben sie Licht." Dann zeigte er mit einer zärtlichen Geste auf ein zartes Bäumchen: „Das ist eine wilde Olive. Sie hat sehr kleine Früchte und ist unglaublich zäh und kann über tausend Jahre alt werden. Schneidet man sie bis zum Stamm ab, so kann man auf ihr die Sorten veredeln. Bei uns heißt die beliebteste Sorte „Orgula".

~

Vor vielen Jahren erfuhr ich von einer Immobilienmaklerin, dass die „Villa Lanterna" in der Bucht von Sutomišćica zum Verkauf steht, ein schwer verkäufliches, spätbarockes Juwel. Ich sollte es mir anschauen. Als ich damals vor der Villa stand, die von der Bevölkerung nur „der Palazzo" genannt wird, schwanden mir angesichts der bezaubernden Fassade die Sinne. Als ich sah, dass die alten, aus Holz geschnitzten Säulen durch ein Eisengerüst gestützt wurden, um den Einsturz der Decke zu verhindern, kehrten die Sinne zurück. An der Wand eine gerahmte Fotografie von Sissi und Kaiser Franz Joseph, und ein blinder venezianischer Spiegel, hinter einem Vorhang aus Spinnweben standen drei Rokokostühlchen auf weniger als zwölf Beinchen, so kapriziös, dass ich dem aristokratischen Objekt, das damals sechshunderttausend Euro kosten sollte, noch eine Chance gab. Als ich aber einen Blick von der Terrasse auf die nahe Umgebung warf, musste ich feststellen, dass jeder Euro, den das Objekt kostete, ein Euro zuviel war. Man hatte die ehemaligen Ländereien, die Gärten und Parks, die zur Landvilla gehörten, mit Scheußlichkeiten zugebaut.

95

Die Villa Lanterna.
Spätbarockes
Juwel.

Die Villa fand dann doch einen Käufer, einen Arzt aus Zagreb. „Ich bin neugierig, was der neue Besitzer daraus gemacht hat", sagte ich zu Arnold, als wir von der Hauptstraße abbogen und den Weg zur Villa hinauffuhren, der früher einmal eine von Zypressen gesäumte Allee gewesen sein musste. Von außen schien alles beim Alten. Das Tor war mit einer Kette verschlossen, an der Arnold zog. Sie löste sich ganz von selber. Wenn das keine Einladung war, einzutreten, natürlich auf eigene Gefahr. Auch innen hatte sich nichts verändert, nur die Stühle, der blinde Spiegel und das Foto vom Kaiserpaar fehlten. Arnold wollte sich Zeit nehmen, um den verstaubten Charme mit der Kamera einzufangen. Ich schlich mich aus dem Tor und setzte mich in das „Restaurant Lanterna" nebenan, wo mir der Wirt vor vielen Jahren Einblick in eine Mappe gewährt hatte, in die ein Zeitungsartikel aus den Siebzigerjahren des 20. Jahrhunderts eingeheftet war, mit einem Foto der Wirtsfamilie auf der steinernen Treppe des Zentralaufgangs. Ein anderes Foto zeigte das Bild von Sissi und dem Kaiser, das nun verschwunden war. Ich fragte den Wirt nach den Nachkommen der Borelli, die in der kroatischen Landespolitik des 19. Jahrhunderts eine Rolle spielten und denen die Villa einmal gehörte. Er meinte darauf, dass er ein Nachfahre jenes Hausangestellten sei, dem das Anwesen, wie er sich ausdrückte, nach dem Krieg ü b e r g e b e n wurde. Er und seine Geschwister hätten es dann von ihrem Vater b e k o m m e n , sie hätten alles unter sich aufgeteilt und den Rest verkauft. So blieb zu guter Letzt nur der Palazzo übrig. Das Kirchlein, die Privatkapelle der Familie, gehöre schon lange der öffentlichen Hand, die Kapelle bestehe leider nur noch aus den Außenmauern, innen hatte man sie völlig ausgeräumt. „Lustig war es dort drinnen", erinnerte er sich. „Dort haben wir als Kinder Pfarrer gespielt und die Messe gelesen."

Arnold hatte das große Tor unauffällig mit der Kette verschlossen. „Komm", sagte ich, „auf zum nächsten Kulturschock."

~

Das Haus, das ich eine Bucht weiter, in Mali Lukoran wiederfinden wollte, war einst das Haus der Familie Da Ponte gewesen, ein typisches Kapitänshaus, ein bürgerlicher Sommersitz mit Balkon und Terrasse. An seiner Stirnseite erinnert eine Gedenktafel an den Dichter Petar Preradović (1818–1872). Ein Mal im Jahr, an seinem Geburtstag, bringen ihm die Dorfbewohner in volkstümlicher Tracht ein Ständchen, und ich nehme nicht an, dass sie etwas über Petars dichtende Enkelin Paula Preradović-Molden (1887–1951) wissen, die 1945 den Text für die österreichische Bundeshymne verfasste.

Die Da Ponte-Villa steht seit vielen Jahren zum Verkauf. Ich setzte mich an die Mole und hielt meine Füße ins klare Wasser. Neben mir strich ein alter Mann mit Sorgfalt sein altes Boot, ein anderer alter Mann kam auf mich zu. Er hatte mich beobachtet, hatte gesehen, wie ich das Denkmal des Dichters beäugt und die Inschrift gelesen hatte, und nun fragte er mich, ob ich mich für das Haus interessiere, ob ich es kaufen wolle. Er fragte, ob er sich zu mir setzen dürfe, er hätte mir Interessantes über Petar Preradović zu erzählen. Dieser sei in Paolina, die Tochter der Familie Da Ponte, verliebt gewesen. Petar war ein österreichischer Offizier, 1843 in Zadar stationiert, wo er gern im Café Central saß und Karten spielte. Bei günstigem Wind segelte er nach Lukoran, setzte sich mit seiner Gitarre unten an die Mole, um Paolina, die oben auf dem Balkon stand und ihr Haar kämmte, ein Ständchen zu bringen. Das Mädchen war streng bewacht, es durfte nicht zu ihm hinunter, weil Paolinas Papa gegen die Verbindung war. Er meinte, Petar habe zu oft über den Durst getrunken. Doch konnte auch die Politik der Grund gewesen sein. Preradović gehörte der romantischen Bewegung der „Kroatischen Wiedergeburt" an, die in Dalmatien wenig Anhänger hatte, er schrieb in kroatischer Sprache für die Zeitschrift „Zora Dalmatinska", die in Zara erschien. Der alte Da Ponte wiederum las lieber die italienische „Gazeta di Zara". Vater und künftiger Schwiegersohn waren politisch wohl nicht einer Meinung, doch die Liebe siegte. Petar und Paolina wurden ein Paar.

Ich versprach, mich nach einem Käufer umzuschauen. Dazu sollte Arnold das Haus mit dem Schild „For Sale" fotografieren. Doch Arnold ließ mich warten. Er hatte an der Bocciabahn hinter der Villa zu tun, die Bocciapieler interessierten ihn mehr. Warum, so fragte ich mich vor der

Petar war ein österreichischer Offizier, 1843 in Zadar stationiert, wo er gern im Café Central saß und Karten spielte.

Kapitänsvilla, bin ich jetzt nicht Kapitän? Wie auf meinem Boot, auf dem mir meine Passagiere gehorchen m ü s s e n . Dort montierte ich nämlich ein schönes Messingschild an die Kajütentür: „Captain's word is law". Und ich schwöre, das Schild macht enormen Eindruck.

~

Einen Kapitän gab es, der baute auf der Insel Silba einen Liebesturm, und die Geschichte des Turms beginnt ungefähr so: *„Es waren einmal zwei Silbaner Kinder, die hatten einander so lieb."* Das Mädchen hieß Antonija, der Knabe Petar. Sie wuchsen heran, und als Petar zwanzig war, hielt er um die Hand des Mädchens an. Sie war aus wohlhabendem Hause und er war ein Habenichts. Sein Antrag wurde von ihren Eltern abgewiesen. Also fuhr er zur See und nahm seiner Geliebten beim Abschied das Versprechen ab, auf ihn zu warten. *„Eines Tages"*, so sagte Petar, *„komme ich als Kapitän zurück. Dann heirate ich dich."* Antonija wartete und wartete und heiratete bevor es zu spät war einen anderen.

Nach zwanzig Jahren kam er wieder. Er nannte sich nun Pietro, sprach lieber Italienisch als Kroatisch und war Kapitän eines eigenen Handelsschiffs. Voller Stolz und Erwartung schritt er durch die Gassen des schmucken Städtchens, beim Anblick einer Frauengestalt stockte ihm der Atem. *„Antonija!"* Er rief ihren Namen, doch sie lief davon. Es war Antonijas Tochter Domenika, sie war gerade fünfzehn Jahre jung. Macht nichts, dachte sich der Kapitän und strich seinen Bart. Er kaufte ein Grundstück, ließ darauf eine solide Kapitänsvilla mit Park und Pavillon errichten, heiratete Domenika und erbaute „La Toretta", den „Liebesturm von Silba." Ein entzückendes, verspieltes Bauwerk. Schlank, zwölf Meter hoch, mit einer engen Wendeltreppe, die außen herum zu einem kleinen Plateau nach oben führt. Auf diesem, so lautete des Kapitäns Befehl an seine junge Ehefrau, solle sie nach ihm Ausschau halten, wenn er davon- oder dahersegelte. Auf der Tafel am Fuß des Türmchens steht: *„This tower was built 1872 as a sign of love and fidelity."*

~

Statt der „For Sale"-Tafel fotografierte Arnold jetzt ein Spanferkel, das sich mittels eines Mopedmotors am Spieß drehte, solche Dinge faszinieren ihn. Ich aber dachte, dass dieses schöne, alte Kapitänshaus wohl nie verkauft werden wird, solange in seiner unmittelbaren Umgebung Rentner ihre Boote streichen und arbeitslose Morlacken Spanferkel grillen, oder gar Hammel. Ich gab es auf, Arnold zu mahnen.

Mir fiel noch eine Kapitänsgeschichte, diesmal aus Olib, ein. Mate Škalko, Kapitän der k. u. k. Marine war zwischen Lošinj und Pula mit seinem Schiff in einen schweren Sturm geraten. In seiner Not tat er ein Gelübde. Er gelobte, sollte er die Katastrophe lebend überstehen, würde er in Pula jene Dame, die er dort bei seinen Landgängen in einem Bordell besuchte, zur Ehefrau nehmen. Er überlebte und tat wie versprochen. Die Dame hatte es auf Olib schwer, die Frauen machten um sie einen großen Bogen. Bis sie auf eine Idee kam. Sie, die einzige Frau auf der ganzen Insel, die lesen und schreiben konnte, eröffnete im Haus ihres Ehemanns eine Grundschule für Mädchen. Seither lernen auch Olibs Mädchen schreiben und lesen, was bis dahin nur den Knaben unter den Fittichen des Herrn Pfarrers möglich gewesen war.

~

Endlich tat Arnold mir den Gefallen und fotografierte die Da Ponte-Villa in ihrem bedauernswerten Zustand, mitsamt der Tafel, die zum Kauf verlocken sollte – aber Sonnenschein und Salzluft haben auch ihr schon schwer zugesetzt.

~

„Was willst du jetzt fotografieren?" Ich konnte Arnold einige Motive in der Nähe zur Auswahl anbieten. Das Kloster der Benediktinerinnen mit Campingplatz oder eine von einer Salzburger Mormonenfamilie auf originalen römischen Überresten stilgetreu nachgebaute römische

Die Preradović-/
Da Ponte-Villa ist
zu verkaufen.

99

Landvilla. Ich konnte ihm als Motive Olivenplantagen anbieten, alte römische Öl-mühlen, Granatapfelgärten, das aufgelassene Ferienheim der bosnischen Elektrizitätsgesellschaft oder, am Weg nach Pašman, die Fischzucht in Lokve. Ja, diese wollte er sehen, also rief ich in der Firmenzentrale an.

„Darf ich", flötete ich ins Telefon, „mit einem Fotografen vorbeikommen?" Der Mann am Apparat war ungehalten. In scharfen Worten warnte er davor, auch nur in die Nähe der Thunfisch-Becken zu kommen. Ich war völlig baff. Noch vor nicht allzu langer Zeit, als man mich zu einer Besichtigungstour einlud, hatte man davon gesprochen, bald auch für Touristen Ausflugsfahrten zur Thunfischfarm anzubieten, Picknick an Bord inklusive. Und nun das! – Die Farm war an einen isländischen Fischereikonzern verkauft worden und liefert den Thunfisch ausschließlich nach Japan, sie bietet einhundertundvierzig Inselmenschen und einer Flotte, die Sardinenschwärme als Thunfischfutter einfängt, Arbeit, also soll sich hier bitte keiner aufregen ... Die Japaner wollen eben nicht, dass man die Farm besucht. Ein Kroate isst im Jahr durchschnittlich zwei Kilo Fisch, ein Japaner achtzig. Warum also sollte man nicht die Japaner bedienen, will man Profit machen? Wer einheimisch ist und gerne Fisch hat, fängt ihn sich selber. Man sollte der wirtschaftlichen Realität ins Auge blicken. Oder glauben Sie, dass man vom Fischverkauf an Restaurants und gesundheitsbewusste europäische Konsumenten reich werden kann?

~

Früher war eben vieles anders. Bei jeder Ausfahrt hielten sich die Fischer an den Mond. Die großen Fische fingen sie zu Neumond, die Sardinen zu Vollmond. Und weil sie lieber die großen Fische fingen, waren sie in der Woche rund um Vollmond zu Hause bei ihrer Familie. Die Fischer von Kali bildeten eine geschlossene Gesellschaft, in der fast jeder mit Familiennamen „Kolega" hieß. 1926 gründete man in Kali die erste private Fischereigenossenschaft mit 50 Mitgliedern. 1946 machte man mit 76 Mitgliedern einen neuen, diesmal staatlich organisierten Versuch. Die meisten Fischer aus Kali wanderten aber aus, um zwischen der Arktis und Feuerland zu fischen. In Zadar entstand 1961 eine Fischfabrik, sie war mit der Fischereigenossenschaft und der Flotte in Kali verbunden und deckte, laut Plan, vierzig Prozent des jugoslawischen Bedarfs

Die meisten kleinen Fische werden heute
den großen Zucht-Thunfischen verfüttert,
am Markt gibt es, was übrig ist.

Frische Ware am
Markt von Zadar

an Dosensardinen. 1979 gründeten Fischer, die es in Australien gelernt hatten, die erste Fischfarm für *brancin* (Wolfbarsch) und *orada* (Goldbrasse) im Mittelmeer, 1996 gründete ein Auswanderer die Thunfischfarmen in Lokve, die er nach einigen Jahren an die Isländer verkaufte. Profit macht man international, mit Schleppnetzen und Fischfarmen, und nicht, indem man sich um Mondphasen kümmert.

~

Auf den Inseln erzeugten die Leute das, was sie brauchten, selber. Aus der Schafwolle machten sie dicke Decken für die Betten, grob gestrickte Jacken und fein gewebtes Tuch für die Kleider. Die schwarzen, handgewebten, im Bund gezogenen Wollröcke werden noch von alten Frauen getragen, von Weitem sehen sie aus, als wären sie aus Baumwolle oder aus Leinen, doch bei näherem Hinsehen und beim Betasten des Stoffs wird man bemerken, dass sie aus Wolle sind. „Cool wool" heißt diese Qualität heute.

Was man nicht brauchte, hat man verkauft. Die meisten Familien besaßen eine „Galeta", auf der sie ihre Produkte zu den Märkten transportierten. Dort verkauften sie Wein, Öl, Käse und Gemüse. Um 1900, als das Handwerk auf Olib blühte, lebten 2 700 Menschen hier, heute sind es nur noch 80. Die Bauernbefreiung hatte gegen Ende des 19. Jahrhunderts eine große Arbeitslosigkeit zur Folge, der gleichzeitige Beginn der Dampfschifffahrt versprach, das Problem zu lösen. Die Mutigen wanderten aus. Die anderen, die blieben, organisierten sich in Genossenschaften, den *zadruge*. 1935 entstand auf Olib eine Molkerei, in der man Käse produzierte, den berühmten „Käse von Olib". Man trieb die Schafe zweimal täglich auf eine andere Weide, so war ihr Fell nie schmutzig. Die Schafe liefen selten aus der Herde weg. War mal eines dabei, das gerne über die Mauern stieg, schlachtete man es, so vererbte sich sein Freiheitsdrang nicht. Das Fell dieser Rasse war kurz und nicht zu dicht, das erleichterte den Tieren das Dasein in der Hitze. Man brachte den Tieren zwei Mal Wasser und melkte sie zweimal täglich. Die Morgen- und die Abendmilch brachte man in die Käserei, dort wurde sie gewogen. Der Buchhalter der Käserei führte genauestens Buch. Am Jahresende wurde abgerechnet, man wurde entweder in Käselaiben oder in Geld bezahlt.

1965 musste die Molkerei schließen, und dafür gab es wohl mehrere Gründe: die flinken jungen Leute, die die Tiere vor Schulbeginn und vor dem Schlafengehen melken mussten, waren alle ausgewandert, langsame Alte übernahmen die Arbeit, lieferten oft leicht ranzige Milch ab, die Qualität des Käse litt. Darüber wurde sogar in New York diskutiert. Nick, ein Freund, der die Hälfte des Jahres in Amerika, die Hälfte auf Olib verbringt, erinnert sich: Mitte der 1960er-Jahre wurde eine große Käselieferung aus Zagreb wieder zurückgeschickt, weil der Käse innen hohl war, er gärte und schmeckte scharf. Was war es? Die Milch? Das Klima? Vielleicht waren es auch die neuen Schafe, die man aus Mali Lošinj importiert hatte. Sie gaben mehr Milch als die alte Inselrasse, aber diese Milch war magerer. Ein Schaf der alten Rasse gab täglich nur einen halben Liter, einen Viertelliter am Morgen und einen Viertelliter am Abend, süße, dicke Milch! Den Rahm, den man abschöpfte, bekamen die Kinder zur Jause aufs Brot. Und nun hatte Nick in New York einen Onkel, der einmal Käsemacher auf Olib gewesen war. „Der Käse", so sagte der Onkel, als er von dessen schmählichem Ende erfuhr, „ist sehr sensibel. Vor allem dann, wenn er noch jung ist. Behandelt man ihn in den ersten Lebenstagen nicht richtig, dann wird er nicht. Man muss ihn, wird er aus der Form genommen, auf ein Brett legen, hier bekommt er, der Luft ausgesetzt, seine Haut, den Beginn der Käserinde, über die er in Zukunft atmen wird. Deshalb muss man das Fenster der Käsekammer einen Spalt öffnen. Wie weit? Ja, das ist die Kunst! Die Konsistenz der Luft hängt vom Wetter ab. Auch von der Umwelt."

Köstlicher Frischkäse

Als ich 2001 auf die Insel kam, erzeugte der letzte Bauer, Krešo Čukar, noch Käse. Ich kostete und wollte sofort einen ganzen Laib kaufen. „Sofort?", sagte Krešo. „Sofort geht hier gar nichts. Sie kommen auf eine Warteliste, denn all die Laibe, die Sie hier auf dem Brett sehen, sind schon vorbestellt. Alle Laibe hier reisen nämlich nach Amerika." Und so war es tatsächlich: viele Amerikaner hatten nach ihren obligaten Sommerurlauben auf dem Rückflug in die neue Welt Käse aus der alten im Gepäck!

Ich rechnete einmal aus, wie viel Arbeitszeit in einem Laib Schafskäse steckte und kam, inklusive Melken, Pflege und Lagerung, auf 24 Stunden.

Ein Laib – ein zu Käse gewordener Inseltag. Und wie sich jeder Tag vom anderen unterscheidet, war auch jeder Käselaib ein wenig anders. EU-tauglich wäre er nie geworden. Aber dazu kam es ohnehin nicht.

2006 hörte der letzte Käsemacher von Olib mit dem Käsemachen auf. War der Grund die drohende Europäisierung? Sie war es nicht. Auch nicht die Zunahme von wilden Zwiebeln auf den Weiden, sie verändern die Konsistenz der Milch. Oder das Fehlen der Helfer, wenn Krešo wegen seiner Rückenschmerzen zum Melken wieder einmal ausfiel. Es war alles zusammen. Die Luft ist anders, das Klima, und vor allem das Gras, verschwunden sind die mageren Kräuterwiesen, die einst ideale Weiden waren. Sie haben den fetten Wiesen Platz gemacht. Ist mehr Stickstoff in der Luft, und damit mehr Dünger im Boden? Wir wissen es nicht, wir wissen nur, dass der Käse zu gären beginnt bevor er reift, und dass die neue, die moderne Zeit auch vor Olib nicht haltmacht.

> „Sofort geht hier gar nichts. Sie kommen auf eine Warteliste, denn all die Laibe, die Sie hier auf dem Brett sehen, sind schon vorbestellt."

~

Ein befreundetes Paar, das mit seiner kleinen Tochter Urlaub auf der Insel machte, brachte im Schlepptau Eusebia, die Oma mit, deren Ehemann wenige Wochen zuvor plötzlich an einem Herzinfarkt gestorben war. Eusebia stammt aus einem kleinen Dorf in Portugal, das viele, viele Stunden von Lissabon, ja, überhaupt, von der Zivilisation entfernt ist. Mit ihrem Mann wanderte sie ins Ruhrgebiet aus, ging putzen, das Übliche. Der Tradition entsprechend trägt sie nach seinem Tod Schwarz und wird es bis zu ihrem eigenen Tod tragen. Man heiratet kein zweites Mal.

Niemand hätte Eusebia für eine aus dem fernen Portugal stammende Frau gehalten, so typisch dalmatinisch sah sie aus. Täglich besuchte sie, rein aus Gewohnheit, den Friedhof, bekreuzigte sich am Eingangstor und arrangierte vom Winde verwehte Plastikblumen zu ordentlichen Sträußen. Stundenlang saß sie auf einer Bank im Schatten der Dorflinde und blickte aufs Meer, wo sich ihre Familie irgendwo am Strand vergnügte.

Sie blieb nicht lange alleine. Die behäbige Beba setzte sich zu ihr. Nun schauten beide aufs Meer, beäugten sich in Abständen, räusperten sich und wiederholten das Ritual so oft, bis Beba auf Kroatisch ein Gespräch begann. Ich näherte mich, um zu übersetzen. Eusebia erzählte unter Tränen und leisem Schluchzen vom Tod des Ehemanns. Sie sei nun Witwe, und es sei schwer, so schwer. „Das versteh ich", sagte Beba, „auch ich bin Witwe." Sie seufzte ein paar Mal, bis auch ihr die Tränen kamen. Die Tränen kullerten beiden über die Wangen, ich stand auf, was brauchte ich hier noch vermitteln? Sie rückten ganz nah zusammen, eine europäische Schmerzensunion. Als sie ausgeschluchzt hatten, fragte die frisch verwitwete Eusebia, wie lange Beba schon ohne Ehemann sei? „Dreißig Jahre! Dreißig Jahre!", wiederholte diese mit Grabesstimme. „Dreißig Jahre!"

Die beiden freundeten sich an. Bald brachte Beba in einer Tupperware-Box *hroštule* mit, das traditionelle Inselgebäck, und Eusebia in Alufolie frittierte Sardinen. Im Mini-Market kauften sie Plastikbecher und eine Flasche Wein. In diesen Urlaubswochen ruhten ihre Ehemänner in Frieden.

~

Kroatische Besitzverhältnisse sind vertrackt, es gibt Nutzer, Besitzer und Eigentümer, nur wenige wissen, welch rechtliche Position die ihre ist. Wer eine Immobilie kaufen will, muss das Gewirr entflechten. Es kann Jahrzehnte dauern. Stück für Stück kaufte ich Grünland, eigentlich Steinland, dazu, hier einhundert Quadratmeter, dort zweihundertdreißig. Eines Tages sank ich glücklich in meinen Liegestuhl zurück und sah im Geiste schon zehn Olivenbäume zur ersten Ernte heranwachsen. Gern hätte ich auch das Nachbargrundstück dazugekauft, es ist Grünland, doch das sei, so meinte eine der vierunddreißig Eigentümerinnen, unmöglich. Von ihr aus gern, aber die anderen! Diese anderen dreiunddreißig ausfindig zu machen, dazu reichen die mir verbleibenden Jahre nicht. Ich machte die Augen zu und genoss den lauen Wind, bis ich ein Geräusch vernahm, eines, das sich ergibt, wenn jemand über eine Mauer klet-

„Ach, wenn der Urgroßvater uns jetzt sehen könnte, wie wir sein Land lieben. Freuen würde der sich."

tert und dabei Steinchen lostritt. Ich war im Evakostüm, und langte nach meinem Badetuch, um mich zu bedecken. Als ich die Augen aufmachte, standen zwei junge Menschen auf der Mauer, die mich verlegen anstarrten. Sie grüßten freundlich, sagten, sie wären hier, um auf dem Grundstück ihres Urgroßvaters, dem Nachbargrundstück, ein Mobile Home aufzustellen. Das wäre doch ein schöner Platz hier, nicht wahr? „Aber, das geht nicht", sagte ich, „das ist doch Grünland." „Wissen wir", sagten sie, „unser Urgroßvater hat es mit seinen eigenen Händen gerodet und hier Kartoffeln angebaut.

Schafe auf Olib

Ach, wenn der Urgroßvater uns jetzt sehen könnte, wie wir sein Land lieben. Freuen würde der sich. Unsere Verwandten haben schon ihr Okay gegeben." Das alles geschah vor einigen Jahren – nach wie vor steht kein Wohnwagen da, und außerdem ist Campieren auf den Inseln verboten. Aber irgendwie habe ich ein mulmiges Gefühl. Die Erwähnung des Urgroßvaters gibt mir zu denken. Über die Tradition kroatischen Stammesverhaltens schreibt Petar Preradović: *„Der Stamm führt mehrere Familien auf einen gemeinsamen Ahnen zurück. In ihm gilt die Gleichheit aller Mitglieder. Das Vermögen besteht aus dem Grund und Boden, den der Stamm in Besitz genommen hatte und unter seine Mitglieder verteilte. Der Anteil jedes Einzelnen war sein persönliches Eigentum, das er seinen Söhnen weitervererbte. Es konnte nur mit Zustimmung des Stammes veräußert werden. Die Stammesgerichte wachten mit peinlicher Sorgfalt darüber, dass der zu veräußernde Grund in die Hände eines Stammesgenossen und nicht eines Fremden kam. Diese Strenge hatte nicht nur ökonomische Gründe. Sie schützte den Stamm auch vor dem Eindringen ethnisch fremder Elemente."* (Aus: Preradović, „Die Kroaten und ihre Bauernbewegung", 1940)

Balkanische Grill-
spießkultur für
echte Männer

108

Diese Stammesriten! Sie müssen nicht alt sein, manchmal werden sie neu erschaffen. Erst vor wenigen Jahren haben die Männer der Insel die „Flaggenparade" ins Leben gerufen, bei der jeder auf Olib geborene Mann dabei sein darf, Zugreiste sind ausgeschlossen. Sie fahren in die Bucht von Sveti Nikola und bereiten das Fest vor: sie legen Grillroste über Steine und liefern das Bier an, das sie in Kisten im Meer kühl halten. Vor der Kapelle stellen sie Bänke und Tische auf. Am Festtag treffen sie sich unter der Dorflinde, wuchten ihre Hintern auf ihre „Quads", ihre vierrädrigen Motoresel, starten die Motoren, schultern ihre rot-weiß-rot karierten kroatischen Flaggen und rattern mit Höllenmotorenlärm zum Grillen und Trinken in Richtung Bucht. Und sollte es zu Schlägereien kommen, keine Angst. Nach alter, kroatischer Stammestradition richtet man selber, wozu sich bewährte Möglichkeiten anbieten, beliebt ist etwa Boote versenken, den Hund vergiften oder seine eigenen Fischreusen an jene Stelle zu setzen, die sich seit Jahrzehnten der andere „reserviert" hat.

~

Nonnen, die noch vor zehn Jahren zum Ortsbild von Olib gehörten, laufen heutzutage nicht mehr in ihrer mittelalterlichen Kostümierung herum, sie tragen ganz normale Kleidung, zum Beispiel Badeanzüge. Moderne Klosterfrauen lassen sich die Sonne auf den Rücken scheinen, sie schwimmen gern. Dass die nette Frau mit dem kurz geschnittenen Kraushaar, die ich jeden Morgen unten am Strand treffe, einem Orden angehört, hätte ich mir denken können. Die Art, wie sie mit mir ins Gespräch kam, sich mit mir über den Sonnenschutzfaktor 50 unterhielt, den man auch mittels eines bestimmten in Öl angesetzten Kräutergemisches erhält oder der keusche Stil ihres Badeanzuges und ihrer Sandalen hätten mich früher darauf bringen können. Aber erst, als wir uns über das Meer unterhielten, wurde mir klar, dass sie anders tickt. Wir standen bis zum Bauch im Wasser. Wir waren allein. Das Wasser war vollkommen ruhig, es herrschte göttliche Windstille, „Bonaca".

„Schön, das kroatische Meer", sagte sie. „Die Adria, das Meer der Kroaten. Wir hätten nicht zur EU gehen sollen." „Aber, aber", antwortete ich und zeigte in den Himmel, „das Meer gehört dem da oben und wir alle in Europa sollten uns zusammentun und dafür sorgen, dass die Adria so schön und sauber bleibt wie sie ist." „Ja, schon", sagte sie, „aber der da oben hat das Meer uns Kroaten geschenkt." Da war nichts zu machen. Trotz vehementer Meinungsunterschiede bezüglich der Nationalität der Adria schmierten wir uns weiter freundschaftlich den Rücken ein. Ich den ihren mit klösterlichem, kroatische Kräuteröl, sie den meinen mit einem marktführenden deutschen Produkt aus Leverkusen.

~

In Pag, wo schon die Römer Salz abbauten, sollte Arnold die Salinen fotografieren. Wir hielten vor der Fabrik, bekamen jedoch keine Erlaubnis zum Eintritt. Das barsche „Nein" der Frau Wächterin am Eingang passte zur Geschichte der Salinen, in denen unter allen Regimen Strafgefangene arbeiteten, zuletzt während der faschistischen Zeit, als sich auf Pag ein Konzentrationslager befand. Während der Titozeit deckte man mit dem Meersalz aus Pag den jugoslawischen Bedarf. Danach wollte niemand die Salinen übernehmen, jeder weiß, dass man Meersalz in Afrika billiger als in Pag gewinnt. Nun ist der Agrokor-Konzern Eigentümer. Ob er das Meersalz tatsächlich in Pag erzeugt, war weder aus den verschlammten Salzfeldern vor der Fabrik noch von einem höher gelegenen Aussichtspunkt aus festzustellen. Ich habe da so einen kleinen Verdacht.

Längst ist nicht mehr das Salz, sondern der Tourismus Pags Einnahmequelle. Ein Konglomerat von Apartmenthäusern, Pensionen und Ferienwohnungen frisst sich in die Mondlandschaft. Dabei war die Stadt Pag einmal makellos schön, im Zentrum ahnt man es noch. Die Altstadt wurde 1485 von einem Meister seines Fachs, von Juraj Dalmatinac (1410–1475), auf dem Reißbrett perfekt geplant. Die Stadthäuser wurden aus behauenen Marmorquadern errichtet, die eine wunderbare Energie ausstrahlen. In einem der Häuser besuchte ich einmal eine rüstige, einhundertundein Jahre alte Dame, die nie aus der Altstadt herauskam und behauptete, ihre Freundinnen wären fast so alt wie sie.

Das Hauptwerk des Meisters, die Kathedrale Sveti Jakov steht in Šibenik, sie ist ein UNESCO-Weltkulturerbe. Juraj Dalmatinac war ein Allroundtalent: geistig aufgeschlossen, handwerklich genial, karrierebewusst und kaufmännisch begabt. Wo er geboren wurde, weiß man nicht so genau. Fest steht, dass er eine wohlhabende venezianische Kaufmannstochter heiratete und ihr Geld gut investierte. Zuerst kaufte

111

Salinen in Pag

Inselhüpfen im
dalmatinischen Archipel

Gässchen in Šibenik

UNESCO-Weltkulturerbe
Sveti Jakov in Šibenik

114

er sich ein Schiff, mit dem er zwischen Venedig und seinen Baustellen in Dubrovnik, Šibenik und Ancona unterwegs war und den schubweise grassierenden Epidemien wie Pest und Cholera rechtzeitig davonsegeln konnte. Der Auftragslage gemäß nannte er sich auch Giorgio da Sebenico oder Georgius Dalmaticus und behauptete auch, Giorgio Orsini zu heißen und von einer römischen Adelsfamilie abzustammen. Aber erst seinem Enkel, einem findigen Rechtsanwalt, wurde die adelige Herkunft anerkannt.

Was würde der Meister wohl denken, käme er nach Pag zurück? Wo Dilettanten des Baugewerbes alle Regeln der Baukunst ignorieren, um die Landschaft gründlich zu verschandeln?

Mein Lieblingskirchlein würde er unverändert vorfinden, er muss auf seinem Weg nach Pag daran vorbeigekommen sein. Es steht auf einem Hügel kurz vor dem Städtchen Nin einsam im Feld, und so wie es aussieht könnte es auch in Irland stehen. Es hat einen kleeblättrigen Grundriss und bekam im 15. Jahrhundert, zu Zeiten des großen Architekten, einen Wachturm aufgesetzt. Mein trutziges Sveti Nikola! Eine ehrende Funktion bekam es erst in der neueren Zeit: es wurde zu einem der beliebtesten Foto-Objekte Kroatiens und darf in keinem Buch über die altkroatische Kultur fehlen.

~

In den Siebzigerjahren hatte die Regierung gegen den Willen der Bevölkerung beschlossen, dass auf Vir ein Atomkraftwerk entstehen sollte.

Nun hatte ich mein Küstenpatent und immer noch kein Boot. In Vir sollte eines verkauft werden, also fuhr ich nach Vir, wohin ich sonst nie gefahren wäre, weil es dafür bekannt ist, noch schlimmer zersiedelt zu sein als Pag. „Einfach ergeben" hatte sich das illegale Bauen hier aber nicht, wie vielerorts aus dem Zusammenspiel von korrupten Politikern, risikofreudigen Bauträgern und unbedarften Häuslbauern. In Vir stand der Protest am Anfang. In den Siebzigerjahren hatte die Regierung gegen den Willen der Bevölkerung beschlossen, dass auf Vir ein Atomkraftwerk entstehen sollte, und als erste Handlung eine Brücke vom Festland auf die Insel gebaut. Um den Bau des Atomkraftwerks zu verhindern, zog die Bevölkerung quasi über Nacht die ersten „wilden Siedlungen" auf und verkaufte sie an ungarische Investoren. Mit dem Bau des Atomkraftwerks wurde danach nicht begonnen, die wilde Siedlung wuchs weiter, es zog immer mehr Ungarn her. Als Anfang des 3. Jahrtausends zwanzig Gebäude behördlich geschleift wurden, erhob sich ein Volkssturm. Hatte man nicht die Insel und die Nordküste Dalmatiens vor der Atomverseuchung gerettet? Wer illegal gebaut hatte, war ja eigentlich ein Held. So exekutierte die Behörde nur den Abriss jener, gegen das in ganz Kroatien geltende Gesetz der Unverbaubarkeit der Küste errichteten Gebäude, auch, um ein Exempel zu statuieren. Neuntausend der illegal mit dem stillen Einverständis der Behörden errichteten Häuser blieben in Vir stehen, im Sommer schickten bis vor einem Jahr neunzigtausend Menschen ihre Fäkalien in irgendwelche Gruben oder ins Meer. Die Internetseiten mit den negativen Schilderungen eines Urlaubs auf Vir wirkten sich auf den Tourismus aus. Ein neuer, junger Bürgermeister hat nun dagegen etwas unternommen. 2013 wurde die Kanalisierung abgeschlossen, für die Fassadengestaltung hässlicher Rohbauten und die Begrünung der Brachen gibt es seit Kurzem einen staatlichen Zuschuss, der öffentliche Strand wurde entmüllt und verbreitert, und damit sich junge Familie ganzjährig ansiedeln, wurden Gratis-Kindergärten geschaffen. Mit Erfolg. Statt Abwanderung, wie andere Inseln, erlebt Vir einen Zuwanderungsboom.

Jeder Bootbesitzer, den ich zur Zeit meiner Suche traf, empfahl mir einen anderen Bootstyp, vom Schlauchboot bis zum Fischerboot, vom Innenborder bis zum Außenbor-

Sveti Nikola
bei Nin

117

der, mir schwirrte der Kopf. In Vir verkaufte ein Bekannter eines Bekannten ein Schnellboot, mit dem könne ich, so der Verkäufer, sogar über die Wellen springen! Wobei das Boot wohl in mehrere Teile zerbersten wird, dachte ich, als ich mir das Boot näher ansah. Ich beschloss, in Zukunft ein Boot bei Bedarf wochenweise zu mieten, das käme wesentlich billiger und reparieren müsste ich das Boot auch nicht. Glücklich über diesen Entschluss setzte ich mich in Zadar in ein Café und blätterte in einem Piratenbuch.

~

In dem Buch ging es um die Uskoken, die ursprünglich Freibeuter im Dienste ihrer habsburgischen Majestät, später Seeräuber im Dienste der eigenen Taschen waren und gemeinsame Sache mit den Bewohnern der Inseln machten. Wie diese hielten sie die Venezianer für arrogant und feige. Also halfen die Insulaner den Piraten dabei, Leuchtfeuer an falschen Orten aufzustellen, um die Handelsschiffe in Hinterhalte zu locken. Die Beute teilte man untereinander auf oder verkaufte sie am Schwarzmarkt in Bakar und Vinodol. Der Begriff „Uskoken" wird, im Robin Hood'schen Sinn, noch heute verwendet. Zuletzt tauchte er als USKOK auf, es ist die offizielle Bezeichnung für die kroatische Antikorruptionsbehörde. Aufgrund ihrer Ermittlungen wurde Ivo Sanader der Korruption überführt. Er sitzt seit 2012 in Zagreb in Haft.

Die Schwarzmärkte im Kvarner wurden von den gräflichen Familien Frankopan aus Krk und Šubić Zrinski aus Bribir kontrolliert. Bekannte Feldherren und Vizekönige stammten aus diesen Familien, bis sie es sich mit dem Kaiser verscherzten. Obwohl sie in den Kriegen gegen die Türken brillierten, hatte Kaiser Leopold I. sie bei der Vergabe von Lehen übergangen. Das ist die kroatische Seite der Version. Die österreichische Version besagt, dass sie mit den Türken zu oft gemeinsame Sache machten, was den Kaiser dazu veranlasste, ihnen die Zrinski-Burg Karlovac wegzunehmen und den Herbersteins, die ihm treuer ergeben waren, zu schenken. Um die ungehorsamen Grafen endgültig loszuwerden, ließ Leopold I. sie bespitzeln.

~

Ein berühmter kroatischer Nationalheld ist Nikola Šubić Zrinski. Anders als der Kaiser, der brav zahlte, verweigerte Nikola die Tributzahlungen an Sultan Süleyman den

Prächtigen, der ihn enthaupten ließ. Sein Kopf wurde im Lager des Sultans auf eine Stange gespießt und in seine Heimat, auf die Zrinski-Burg Čakovec im Međimurje, geschickt. Der Kopf wurde im nahen Kloster der heiligen Helena christlich begraben.

Sein Enkel Nikola, der Ban, Feldherr und Dichter war und auf der Burg lebte, kam 1664 auf der Jagd durch einen wild gewordenen Eber ums Leben. Es hieß aber, Kaiser Leopold hätte hinter dem eberischen Attentat gesteckt. Nikolas Bruder Petar zettelte einen Aufstand gegen die Habsburger an, der als „Magnatenverschwörung" in die Geschichte einging. Petar wurde 1671 gemeinsam mit seinem Schwager Krsto Frankopan wegen Hochverrates in Wiener Neustadt hingerichtet.

Aus einem anderen Zrinski-Spross wurde ein ungarischer Nationalheld. Franz II. Rákóczi, der über eine Million Hektar Land in Ungarn und Siebenbürgen herrschte, Marodeure aller Länder um sich scharte, Aufstände anzettelte und in den „Kuruzenkriegen" gegen die Kaiserlichen unterlag. Er floh nach Paris an die Spieltische und wurde von Sonnenkönig Ludwig XIV. durchgefüttert. Seine letzten Lebensjahre verbrachte er als Poet und Tischler im Exil in einem anatolischen Dorf.

Der höchste Orden, den die Republik Kroatien heute zu vergeben hat, ist der „Nikola Šubić Zrinski-Orden". Dessen derzeit berühmtester Träger ist der Mann, der die Serben im letzten Balkankrieg 1995 in der „Operation Sturm" besiegte, was den Kroaten jene gemischtreligiösen Gebiete an der Grenze einbrachte, in denen heute keiner wohnen will: Ante Gotovina.

~

In dem Buch über Kroatiens Grafengeschlechter und die Seeräuber, in dem ich – mittlerweile auf der Fähre nach Olib – blätterte, blieb ich an einem Porträt von Petar Zrinski IV. Šubić hängen, einem dunkelhaarigen, balkanischen Fürsten mit einem mächtigen schwarzen Schnauzer und fiebrigen Augen, am Kopf einen Tschako mit einem Federbuschen, als Gewand einen hermelinbesetzten Umhang und eine prächtige, mit Kordeln und Schnüren, Goldknöpfen und Goldschnallen verzierte Uniform. Neben mir hatte ein Bekannter von der Insel Silba Platz genommen, auch er hatte eine Art

Buch, die „Bursa nautika", vor sich. Er hatte pomadisierte schwarze Haare und einen mächtigen schwarzen Schnauzer, und auch sonst Ähnlichkeiten mit dem feurigen Magnaten von annodazumal vorzuweisen. Ich hatte ihn schon oft auf der Fähre angetroffen, nun kamen wir zum ersten Mal ins Gespräch. Er stellte sich vor: „Šubić." Šubić? „So ein Zufall!", sagte ich und zeigte auf das Bild im Buch. „Sie haben denselben Namen wie dieser Fürst. Und Sie sehen ihm ähnlich. Vielleicht sind Sie ein Nachkomme!" Nein, sagte er, das glaube er nicht. Er verstehe nichts von Geschichte, aber er verstehe sich auf Boote und hielt mir die „Bursa nautika" unter die Nase. Er blätterte die Seiten durch, zeigte auf ein Exemplar und sagte, dieses wäre das ideale für mich, er hätte gerade eines übrig. So kam ich, nachdem ich beschlossen hatte, k e i n e s zu kaufen, zu einem eigenen Boot, einem nützlichen Modell mit einer kleinen Kabine. Zwei Mal ging ich damit mit Mann und Maus beinahe unter. Zwei Mal musste daraufhin der Motor ausgewechselt werden. Nun liegt das Sorgenkind gut vertäut im sicheren Hafen von Olib vor Anker, manchmal führe ich es aus, damit es unter die Leute kommt. Aber eigentlich wäre ich es gerne los.

~

Arnold und ich waren in Tkon, dem südlichsten Ort der touristisch erschlossenen Insel Pašman angekommen, uns blieb noch ein halbes Stündchen bis zur Abfahrt der Fähre nach Biograd. Ich setzte mich in den Schatten eines ausladenden Feigenbaumes und las einen Bericht über ein venezianisches Handelsschiff, das man kürzlich in der Nähe gehoben hatte, in ihm befanden sich Schmuck und Dekorstücke aus Muranoglas, die laut beiliegender Rechnung für Sultan Süleyman bestimmt waren. Der Fund ist im Marinemuseum ausgestellt. Biograd ist heute ein geschäftiger Jachthafen, Ausgangsort für Segeltörns in die Kornaten, Sitz eines orthopädischen Kranken-

Mein „nützliches" Boot

hauses und ein beliebtes Ausflugziel während der Biograd-Boat-Show. Vor tausend Jahren war es die alte Krönungsstadt der kroatischen Könige. Später ein Aufenthaltsort ungarischer Grafen, die auch einmal vom Plattensee weg und ans Meer wollten. Als uns die Fähre in Biograd auslud, fuhren wir gleich weiter, auf der alten „Adria Magistrale" nach Pakoštane, wo Ante Gotovinas Familie lebt. „Ob sie Gotovina ein Denkmal setzten?" Wir fanden eines auf einer Verkehrsinsel unten am Meer. Vor vielen Jahren sah ich ein ähnliches Sgraffitto in Kuba, nur dass dort nicht Gotovina, sondern Che Guevara zu sehen war.

In Pakoštane gibt es noch die alten, christlichen Bruder- und Schwesternschaften aus der Zeit der Türkenherrschaft, sie garantierten dem Bruder oder der Schwester ein christliches Begräbnis. Bruderschaftsangehörigkeiten werden bis heute in der Familie vererbt, vom Vater auf den Sohn, von der Schwiegermutter auf die Schwiegertochter. Ante Gotovina gehört der Bruderschaft des heiligen Nikolaus an. Die Nähe des bürgerlichen Netzwerks zur katholischen Kirche ließ in den Jahren 2001 bis 2005, als der wegen „Verbrechens gegen die Menschlichkeit" vom Gerichtshof in Den Haag gesuchte General untergetaucht war, die Vermutung zu, dass die Kirche ihn deckte. Eine entsprechende Behauptung der damaligen Anklägerin Carla del Ponte wurde ignoriert. Nachdem Gotovina 2005 in Teneriffa festgenommen wurde, fanden an der dalmatinischen Küste, vor allem in Split und Zadar, Massenkundgebungen gegen die Verhaftung statt. Im April 2011 wurde er in Den Haag zu 24 Jahren Haft verurteilt, im Dezember 2011 völlig überraschend freigelassen. Kroatiens Bischöfe hätten ihn gerne in eine politische Karriere gedrängt, doch Gotovina lehnte ab. Der Ex-General und Ex-Kampftaucher zog sich ins Privatleben zurück und investiert nun in die Fischzucht.

Im April 2011 wurde er in Den Haag zu 24 Jahren Haft verurteilt, im Dezember 2011 völlig überraschend freigelassen.

Ante Gotovina am Kreisverkehr in Pakoštane, seiner Heimatstadt

121

~

Am 1. Juli 2013 trat Kroatien – endlich – der Europäischen Union bei. Erwartungsvoll, eine Flasche Champagner im Gepäck, flog ich am 30. Juni nach Zadar, wo ich mit meinen Freundinnen um Mitternacht den großen Moment feiern wollte. Keine einzige war, so wie ausgemacht, in der Stadt, jede saß auf ihrer Insel vor dem Fernseher, wo die Feier aus Zagreb übertragen wurde. Am Abend war in Zadar fast niemand auf der Straße. Es gab kein Feuerwerk. Nur über dem Forum Romanum lag sanfter Feuerschein: junge Menschen in Tunika und Toga wandelten über die Römersteine, sie trugen Fackeln und trommelten zu antiker Musik, die aus einem Lautsprecher kam. Ich dachte, sie würden Europa auf diese Weise begrüßen. Doch ich irrte. Das Archäologische Museum hatte schon seit einigen Abenden geöffnet, um seine Schätze von der Steinzeit bis in die altkroatische Fürstenzeit bei freiem Eintritt zu zeigen. Nur vom Rathaus, einem Bau aus der Mussolinizeit, und vom Dogenpalast wehte das Banner Europas mit 28 Sternen. Am folgenden Morgen holte mich mein Taxifahrer um sechs Uhr früh ab, seit Jahrzehnten fliegt die Maschine der „Croatian Airlines" um sieben Uhr nach Zagreb. Er war der erste Taxichauffeur, mit dem ich vor zwölf Jahren vom Flughafen „Zemunik" in die Stadt gefahren war, wir sind uns seither treu geblieben. Er hatte als Freiwilliger an der „Operation Maslenica" teilgenommen und ist seither ein unerschütterlicher Verehrer Ante Gotovinas. Schon bei unserer ersten Taxifahrt hatte er mir erklärt, wo die kroatischen und die serbischen Truppen gestanden waren, und wo die Front verlaufen war. Das wiederholte er auf vielen weiteren Taxifahrten, bis sogar ich die Kämpfe mit Zinnsoldaten hätte nachstellen können. „Na, Željko", sagte ich am Tag nach dem Beitritt zu ihm, „jetzt seid ihr auch bei der EU, freu dich doch ein bisschen." Er brabbelte etwas von den Serben, die auch bald dabei sein würden, und sagte: „Den Krieg hätten wir uns sparen können."

Strandidylle
in Pakoštane

124

Biograd na moru

Der unaufhaltsame Aufstieg des Josip Broz Tito

Von Kumrovec nach Brioni

Am 25. Mai, etwas später als zu seinem eingetragenen Geburtstermin, feiern Titos Anhänger seinen Geburtstag. Josip Broz Tito (7. 5. 1892–4. 5. 1980) wird immer noch verehrt. Titos Geburtsort Kumrovec, ein zum Freilichtmuseum geschönter Grenzort zwischen Slowenien und Kroatien, wird an jedem 25. Mai zu einer Wallfahrtsstätte. Kumrovec liegt in Zagorien, der Zagorje, der ärmsten Region Kroatiens, über die der Schriftsteller und Weggefährte Titos, Milovan Đilas, schreibt: *„Nach Bewußtsein und Geschichte ist die Zagorje ein sehr kroatisches Kroatien. Aber sprachlich und psychologisch ist sie das Ende der Welt: mit eigenen Traditionen und dem Dialekt nach ein Eiland im Meer, mit fleißigen Menschen und Gastarbeitern, die, lebendig und gutmütig, zu Unterhaltung, Wein und Gesang neigen. Man ist hier fast im Ausland.“*

Wenn ich alleine reise, komme ich oft vom Weg ab, bleibe hier oder dort stehen, plaudere mit den Leuten, fotografiere und verbummle mich. Sloweniens nassgrüne Waldlandschaft führte mich in vielen Kurven hügelauf und hügelab durch ein Labyrinth aus Buchen und Haseln, Walnüssen und Eichen, Akazien, Edelkastanien, Ulmen und Ahorn, vorbei an Streuobstwiesen, kleinen Höfen, ich verlor die Orientierung, verfuhr mich auf den immer gleichen, sich immer wieder gabelnden Straßen, und

Die meisten Fahrzeuge stammten, wie ein kurzer Blick auf die Nummerntafeln zeigte, aus Slowenien. Der Stimmung nach sah alles aus wie ein Kirchtag ohne Kirche.

bekam, wenn ich anhielt und um Auskunft fragte, immer die freundlichsten Empfehlungen zur Änderung der Richtung. Gegen halb drei Uhr am Nachmittag kam ich endlich in Kumrovec an.

Ich hatte zu viel Zeit vertrödelt und befürchtete, niemanden mehr anzutreffen. Doch gleich hinter den Grenzbalken sah ich, wie viele Leute Tito die Ehre gegeben hatten. Menschen strömten in Gruppen auf ihre Busse, Motorräder und Pkw zu. Der Anzahl der geparkten Fahrzeuge nach zu schließen waren immer noch Tausende beim Fest. Die meisten Fahrzeuge stammten, wie ein kurzer Blick auf die Nummerntafeln zeigte, aus Slowenien. Der Stimmung nach sah alles aus wie ein Kirchtag ohne Kirche. Die Gläubigen und die Neugierigen trugen die flotten Schiffchen der Partisanen, die *„Titovkas"*, auf den Köpfen, trugen Tito-T-Shirts, Uniformen, Sowjetsternchen und glänzend polierte Orden am Revers. „Es wird gleich zu regnen anfangen", dachte ich, stellte mein Auto auf einen freien Parkplatz in eine Wasserlacke und begab mich dorthin, woher die fröhlichen Menschen fähnchen- und wimpelschwingend kamen. Jugoslawien und seine Partisanenverbände waren lebendig wie am ersten Tag. Auf der Bühne nahe dem Eingang zum Museumsdorf machte man sich daran, alles abzubauen, auch die Marktfieranten räumten ihre Waren zusammen. In Eile kauften einige noch, was übrig war: weiße, herzförmige Polster mit einem Stern aus rotem Filz in der Mitte, grüne Mützchen mit dem roten Stern, Abzeichen mit Hammer und Sichel, Orden, Plaketten mit Titeln wie „Tito unvergessen", oder so ähnlich, T-Shirts mit Tito-Porträt, Rotwein-Flaschen mit entsprechendem Etikett, komplette Partisanenuniformen, Stahlhelme und Stiefel. An den Buden gab es Wein, Schnaps und Bier, der Regen, der nun wieder einsetzte, prasselte in die Langos-Fritteusen, nirgendwo gab es etwas zu essen. Ich fand Unterschlupf in Titos Geburtshaus, vor dem eine Bronzefigur steht, sie zeigt den idealen Tito, den nachdenklichen Staatsmann, treusorgenden Vater der guten alten jugoslawischen Nation. *„Tito war ein auffällig schöner Mann. Eher vom Standpunkt der Frau als des Mannes. Blond, blaue Augen, immer gebräunt, festen Wuchses, runder Kopf, hohe Stirn, eine verstärkte, ein wenig gebogene Nase, etwas herabgezogene Mundwinkel, hervorstehende Backenknochen, eher der germanische, nordische Typ. Der Bildhauer Avgostinčić, der mehrere Büsten Titos schuf, sagte im Spaß: ‚Er muss von einem Adeligen abstammen. Wer hat schon je einen solchen Mann aus der Zagorje gesehen?'"*
(Aus: Milovan Đilas, „Tito, eine kritische Biographie", 1980)

Tito-Gedenkstätte
in Kumrovec

In der guten Stube des Broz-Bauernhofs durfte ich Tito auf schwarz-weißen Fotografien bewundern, als Schüler der Volksschule von Kumrovec auf einem Gruppenfoto, als alten, kranken Mann mit Sonnenbrille im Garten sitzend, ein deutscher Schäferhund und drei weiße Pudel zu seinen Füßen. Oder strahlend, an seiner Seite die noch strahlendere Jovanka, seine attraktive, letzte Genossin. Einige Bilder zeigen ihn als Weltmann, so sah er sich besonders gern. Zusammen mit dem ägyptischen Präsidenten Nasser, mit dem indischen Präsidenten Nehru oder mit US-Präsident Nixon, der in Kumrovec zu Besuch war.

Als Tito alt wurde, ließ er sich die Haare dunkel färben, die Zähne mit strahlend weißen Kronen überziehen und den Teint unter der Höhensonne bräunen. Er wechselte seine Kleidung mehrmals am Tag. In einer Vitrine werden eine sandfarbene Uniform, Stiefel, Breeches, Sonnenbrillen und der Marschallstab, auf den er sich stützte, als er schon gebrechlich war, aufbewahrt. Ach ja, sagt man sich da als Besucherin, Tito war auch nur ein Mensch.

Einige Möbel waren mit einem Preisschild versehen, darunter stand, man solle im Museumsshop nachfragen. Ich überlegte kurz, zwei Bauernstühle und eine Bank aus der originalen Einrichtung der Familie Broz zu erwerben, legte den Gedanken wegen Platzmangels im Auto aber ad acta und wechselte in die benachbarte Scheune, in der sich echte und falsche Partisanen drängelten. Ein Mime hatte sich als Tito verkleidet, er trug eine billige Kopie jener weißen Marschallsuniform, die einst vielen armen kleinen Buben imponierte und alte Mütterchen vor Ehrfurcht beben ließ. Đilas schrieb: „Titos Uniformen waren goldgeschmückt, bei ihm musste alles einzigartig sein. Das Wappen auf dem Koppelschloss wurde aus reinem Gold geschmiedet, und fiel ihm, wegen seiner Schwere, fast ab. Vor der Armee und den militärischen Kommandeuren erschien er immer in der Marschallsuniform, deren goldene Aufschläge und Rangabzeichen er sich zusammen mit Künstlern ausdachte."

Der Tito-Imitator legte seine Rolle als Sugar Daddy an, genau so wie ich den Staatsmann in den Sechzigerjahren des vorigen Jahrhunderts in der „Fox Tönenden Wochenschau" im Kino erlebt hatte. Er hielt die Zigarre in der beringten Linken, ein Glas in der Rechten, blickte freundlich durch eine getönte Brille und war, mitten im Gedränge der Tito-Fans ein beliebtes Foto-Objekt. Und weil ich hinter diesem Double stand und von unbekannten Partisanen in ausgelassener Stimmung in den Arm genommen wurde, werde ich wohl auf einigen Schnappschüssen verewigt sein – und in hundert Jahren wird mich vielleicht jemand erkennen und sagen, aha, die war auch dabei, bei den Kommunisten.

Einige packten ihre Tamburiza, ihre Gitarre und die Ziehharmonika aus und intonierten alte Partisanenlieder, die sogar die Kinder auswendig kannten, vor allem das italienische „O partigiano, portami via, bella ciao, bella ciao, bella ciao ciao ciao …". Drei ältere blondierte und beleibte Frauen, in ihrer Jugend wohl aktiv in der Partei tätig, sangen besonders inbrünstig, und mittendrin im Gedränge stand ein alter, verloren wirkender Mann. Er trug einen mittelblauen Anzug, der an seinem hageren Körper schlotterte, vier mit Sorgfalt angeheftete, polierte Orden an der Brust, in der von Altersflecken und Arbeitsspuren gezeichneten Hand hielt er eine Aktentasche aus braunem Pressleder, die blitzblauen Augen in seinem von der Sonne gegerbten Gesicht blickten ganz verschüchtert in die Menge.

Der Regen ließ nach. Jung und Alt posierten vor der Bronzestatue, steckten noch mehr rote Nelken in den Rote-Nelken-Strauß, der zu Füßen des

Als Tito alt wurde, ließ er sich die Haare dunkel färben, die Zähne mit strahlend weißen Kronen überziehen und den Teint unter der Höhensonne bräunen.

Welcher Zagreber will schon in der Zagorje, in einem schäbigen Haus mit dünnen Fensterscheiben und Türen aus Pressglas, Urlaub machen?

Verehrten zu ansehnlichem Volumen anschwoll. Regenschlieren bedeckten Titos Gesicht. Er sah traurig aus.

Die Devotionalienhändler hatten bereits alles eingepackt, viel Geschäft haben sie an diesem verregneten 25. Mai wohl nicht gemacht. Ein Kaffee wäre gut, dachte ich. Oder Tee. Irgendetwas Warmes. In der Restauracija, einem Bau, der den Stempel monumentaler realsozialistischer Architektur trägt, war die Luft dick, die schweren roten Samtvorhänge waren nikotingetränkt. Auf dem Balkan, in Jugoslawien, in der Armee, egal ob in der Roten oder in einer anderen, rauchte man immer zu viel.

Ich flüchtete in Richtung Zagreb, die Hügel wurden sanfter, die Landschaft lichter, die Häuser immer hässlicher. Der Unterschied zwischen dem von der EU verwöhnten Slowenien mit seinen Solaranlagen, renovierten alten Bauernhäuschen und gepflegten Gärten und dem EU-Neuankömmling Kroatien tritt besonders dort deutlich zutage, wo der Zahn der Zeit an den *vikendice* („Weekend-Datschen") nagt, die keinen mehr freuen. Welcher Zagreber will schon in der Zagorje, in einem schäbigen Haus mit dünnen Fensterscheiben und Türen aus Pressglas, Urlaub machen? Auch die Bewohner der kroatischen Hauptstadt verbringen ihren Urlaub lieber am Adriastrand.

~

Eine Anhöhe, auf ihr eine „Café-Bar" und eine Greißlerei, die „Trgovina Erdödy". Erdödy? Ich bremste, stellte mein Auto ab. Die Geschichte fiel mir ein, die mir ein Erdödy einmal erzählte. Es ist die von Josip Broz' Herkunft. Er sei, so hieß es, gar kein Bauernsohn, sondern ein Spross der ungarisch-kroatischen Magnatenfamilie Erdödy, aus deren Reihen einige kroatische Bane, also Vizekönige, stammten. Die Erdödy gehörten zur Grund besitzenden Oberschicht, die mit allen Rechten den Untertanen gegenüber und mit einigen Pflichten dem König gegenüber ausgestattet war. Wenn es tatsächlich so war, wie ich es damals hörte, so erscheint Titos Werdegang, der stets mit kommunistischen Legenden verbrämt wurde, in einem anderen Licht. Titos Streben war das Streben eines rechtlosen Bastards nach Anerkennung und, in seinem Fall, nach königlicher Macht. Man darf seine Fantasie spielen lassen, so, wie es wohl auch enge Freunde Titos getan haben:

„Titos spärlichen Berichten zufolge kam die bäuerliche Familie Ambroz/Ambrosius aus Montenegro an die dalmatinisch-bosnische Grenze und von dort in die Zagorje. Das Haus, in dem Tito am 7. Mai 1892 geboren wurde, gehörte zu den besten in Kumrovec. Die Sorgen der Familie entstammten weniger dem Mangel an Grund und Boden, als vielmehr der Kopfzahl, 15 Kinder, von denen acht früh starben, und der Leichtgläubigkeit des Vaters bei der Annahme von Wechseln. Titos Mutter Marija ist Slowenin, aus einer wohlhabenden Bauernfamilie. Tito verbrachte seine Kindheit vor allem bei seinem Großvater mütterlicherseits und ähnelte seiner Mutter. Keines von Titos Geschwistern ist hervorgetreten – weder durch Erfolge noch Misserfolge. Von früher Jugend an hielt Tito darauf, nicht wie andere, nicht wie seine Brüder und Schwestern zu sein. Obgleich er Arbeiter als Freunde nicht besonders schätzte, war er im Kampf um die Rechte und die Position der Arbeiter hartnäckig. Es war seine eigene, historische Rolle. Wann immer er von der Arbeiterklasse sprach, hatte es einen Beigeschmack, als spräche er von sich selbst – vom Streben aus den niedrigen Gründen der Gesellschaft zum Licht der Macht und glückbringenden Herrschaft. Der Kommunismus sah in ihm einen seiner erfolgreichsten und persönlichsten Protagonisten. Die nichtkommunistische Bindung an Luxus, Schmuck und Pomp ist nur eine Seite seiner Bestrebungen, die bei der Stärkung seiner persönlichen Macht immer aufdringlicher zum Ausdruck kamen.“ (Đilas)

Josip Broz besuchte die Grundschule, er wurde Schlosserlehrling, dann Automechaniker. Bald sah man den jungen Feschak in Wiener Neustadt als Begleiter von Damen der besten Gesellschaft, er hatte als Testpilot bei Austro-Daimler eine Möglichkeit gefunden, in die Upper Class hineinzuschnütteln. 1913 wurde er zum Wehrdienst in der k. u. k. Armee eingezogen, fiel durch Intelligenz und gute Führung auf und kam in den Genuss einer Offiziersausbildung, wozu das Fechten gehörte, das er meisterlich beherrschte. Er sprach perfekt Deutsch, wie manche meinten, besser als Kroatisch. Die Karriere, die er sich erhoffte, mehr noch der gesellschaftliche Aufstieg, blieben ihm verwehrt. Schuld gab er, wie selber schrieb, seiner kroatischen Herkunft und der Präpotenz der herrschenden Österreicher, die *„immer die ersten sein wollen“*. Er trat der kroatischen sozialistischen Partei bei und wurde deren Vertrauensmann in der Gewerkschaft bei Austro-Daimler.

Bei Florian Illes („1913. Der Sommer des Jahrhunderts") liest sich Titos erster Karrieresprung so: *„Im Februar 1913 mustert ein junger Kroate das vorbeipreschende Gefährt Franz Ferdinands mit den goldenen Speichen. Er weiß um die Qualitäten des Automobils, denn er ist Automechaniker und seit neuestem Testfahrer in Wiener Neustadt für Mercedes. Sein Name ist Josip Broz, er ist ein 21-jähriger Draufgänger und Frauenschwarm und lässt sich aktuell von der großbürgerlichen Liza Spuner als Liebhaber aushalten und die Fechtstunden bezahlen – von ihren Geldgeschenken bezahlt er die Alimente für seinen frisch geborenen Sohn Leopard in der Heimat, dessen Mutter er kurz zuvor verlassen hat. Liza lässt ihn mit seinen Testwagen durch ganz Österreich fahren, um für sie neue Kleider zu kaufen. Als sie schwanger wird, verlässt er auch sie. So wird es dann immer weiter gehen. Irgendwann kehrt er dann in seine Heimat zurück, die jetzt Jugoslawien heißt und macht sie sich untertan."* Im Ersten Weltkrieg nahm er an schweren Kämpfen an der serbischen Front und in den Karpaten teil. Als Patrouillenführer machte er Gefangene und wurde dafür mit der Silbernen Tapferkeitsmedaille ausgezeichnet, was er später tunlichst verschwieg. Er geriet in russische Kriegsgefangenschaft und kam nach Sibirien. 1917 schloss er sich der Oktoberrevolution an und wurde 1920 in Moskau Parteimitglied, bald Mitglied des Zentralkomitees und Politbüros, danach Generalsekretär der kommunistischen Partei Jugoslawiens. 1941, während des Jugoslawienfeldzuges, leitete er die Widerstandsbewegungen der Partisanen gegen deutsche und italienische Besatzer, ernannte sich 1943 zum Marschall und Vorsitzenden einer provisorischen Regierung, nahm gegen Kriegsende offiziell Kontakte zu Stalin und Churchill auf, avancierte zum alliierten Befehlshaber und ordnete als solcher die Bombardierung der Küstenstädte an. Nach Kriegsende war er „Präsident der Republik", 1953 Staatspräsident, 1963 „Präsident auf Lebenszeit".

~

In der „Trgovina Erdödy" stand eine freundliche junge Frau hinter der Budel, wir kamen ins Gespräch, ob sie denn Erdödy heiße, fragte ich, es hätte ja sein können. „Aber nein", sagte sie, „die Schrift auf dem Firmenschild sei doch uralt und weise darauf hin, dass den Erdödy hier einmal alles gehörte. Auch Kumrovec? Ja, auch Kumrovec. „Vorne, dort wo Sie parken", sagte sie, „war einmal ein großer Teich und hinten stand die Villa. Hierher kamen sie zum Jagen, und um sich die Zeit zu vertreiben. Ihre Schlösser, in denen sie residierten, waren woanders." Von der Pracht feudaler Vergangenheit war nur noch eine Ruine zu sehen. „Mir wurde einmal zugetragen", sagte ich, „Tito sei ein Erdödy, ein Jagdunfall sozusagen", und erwartete mir Erstaunen, doch nichts dergleichen war zu bemerken. Im Gegenteil. „Hier in der Gegend", sagte die junge Frau, „ist das allgemein bekannt." Man sollte, meinte sie, mehr daraus machen, das würde den Tourismus ankurbeln. Wie es denn so gelaufen sei, heute in Kumrovec? Sie sagte: „Sie gehen es völlig falsch an. Man müsste nicht einen Tag, sondern ein ganzes Wochenende lang feiern. Ein ganzes Tito-Festival müsste man auf die Beine stellen. Das würde die Gegend beleben. Die paar alten Kommunisten, die lassen doch keinen Kuna hier."

„Ein ganzes Tito-Festival müsste man auf die Beine stellen. Das würde die Gegend beleben."

135

~

Im Café Erdödy setzte ich mich auf einen dunkelbraun lackierten Holzstuhl aus den Sechzigerjahren und wartete auf den Kaffee. An der Wand hing ein Plakat mit dem Foto des kroatischen Nationalhelden Ante Gotovina. *„Heroj!"*, stand darunter. „Wir werden Dich nie vergessen."

~

In Kroatien fühlte man sich seit 1920 von den Serben dominiert, sie hielten alle Schlüsselpositionen besetzt. Das Interesse an kommunistischen Ideen war in Kroatien mäßig. Nach der Ermordung des kroatischen Bauernführers Stjepan Radić im Parlament in Belgrad 1928, war der Bruch zwischen Kroaten und Serben nicht mehr zu kitten. Aufstandsversuche in Kroatien wurden von den serbischen Četniks blutig unterdrückt, die kroatischen Politiker in die Radikalität gedrängt. 1934 fiel König Alexander, gemeinsam mit dem französischen Außenminister, in Marseille einem Attentat kroatischer und bulgarischer Nationalisten zum Opfer.

1937 versprach Mussolini, die terroristische kroatische Ustaša, die gewaltsam gegen Serben und Juden vorging, nicht weiter zu unterstützen, was aber de facto nicht geschah, Tito wurde Generalsekretär der kommunistischen Partei. 1939 verhandelte die kroatische Bauernpartei mit dem jugoslawischen Premier erfolgreich über eine föderative Umgestaltung des Königreiches Jugoslawien, in dem Kroatien der Autonomiestatus zugesichert wurde. Der Bauernführer Vladimir Maček trat mit fünf Ministern in die Regierung ein.

Am 12. April 1941 fiel Belgrad in deutsche Hände, die Balkanhalbinsel blieb bis Ende 1944 unter deutscher Militärregierung. Die Bevölkerung reagierte unterschiedlich, Widerstand, Hoffnung, Terror trennte und vereinte die vierundzwanzig am Balkan lebenden Volksgruppen. Die unter der deutschen Militärregierung im April 1941 vorgenommene Abtretung eines unabhängigen kroatischen Staates fand in der Bevölkerung breiten Zuspruch. Nachdem Maček die Zusammenarbeit mit den Nationalsozialisten jedoch ablehnte, erhoben diese keine Einwände, als die Ustaša in Zagreb den „Unabhängigen Staat Kroatien" ausrief. Der Widerstand oppositioneller kroatischer Kreise wurde mit Gewalt unterdrückt. Die von Tito geführten Partisanen bekamen starken Zulauf. 1942 wurde der „antifaschistische Rat der nationalen Befreiung Jugoslawiens" in Bihać gegründet, 1943 die „provisorische Regierung" in Jajce, beides in Bosnien. Gemeinsam mit der Roten Armee nahm Tito am 20. Oktober 1944 Belgrad ein. Das Hauptquartier Titos befand sich auf der Insel Vis (Lissa), wo es Koalitionsabsprachen mit der sich im Exil in London befindlichen Regierung Jugoslawiens

Schon zu Beginn des Zweiten Weltkriegs hatte er sich mit Parteigeld ein eigenes Weingut bei Samobor, westlich von Zagreb, zugelegt.

gab, an die sich Tito aber nicht hielt. Am 29. November 1945 wurde bei den Wahlen nur eine Partei, die kommunistische, zugelassen. Separatistische Absichten vonseiten der Kroaten waren in der Partei von Anfang an vorhanden. Đilas: *„In der kroatischen Partisanenpresse wurde ‚Jugoslawien' als eine künstliche Schöpfung der Versailler Verträge verurteilt."* Die politischen Folgen der Machtübernahme waren für viele, nicht kommunistische Kroaten schwer. Sie flüchteten in den Westen. Zehntausende ließen dabei ihr Leben.

~

Seine Arbeit für den Aufbau der Partisanenbewegung ließ Tito sich von Moskau bezahlen. Schon zu Beginn des Zweiten Weltkriegs hatte er sich mit Parteigeld ein eigenes Weingut bei Samobor, westlich von Zagreb, zugelegt. 1948, als er sie nicht mehr brauchte, befreite sich Tito von den Stalinisten. Er schickte sie nach Goli Otok, in das Konzentrationslager auf der kahlen Insel, südöstlich von Krk. Auch Đilas war inhaftiert: *„Ohne Konsultationen fasste Tito 1948 den Entschluss eines Lagers für prosowjetische Kommunisten, in denen die Lagerinsassen ‚umerzogen' werden sollten. Die Urteile beliefen sich meist auf zwei Jahre, wurden oft verlängert. Die Strafe: schlechtes Essen, Arbeit im Steinbruch, Folter. Schon bei der Einschiffung stürzte man die Gefangenen kopfüber ins Innere des Schiffes, bei der Ausladung erwarteten sie Boxhiebe, Fußtritte. Nicht Reumütige wurden erniedrigt, in dem man ihnen Nachttöpfe aufsetzte, die mit ‚Verräter' beschriftet waren. Bis zum Jahr 1953 waren 15 000 durch das Lager gegangen."*

Wirtschaftlich lief es überhaupt nicht. Đilas: *„Schon 1949/50 zeigten sich die katastrophalen Folgen der Kollektivierung. Die USA hatten begonnen, uns mit Lebensmitteln zu helfen. Absurd. Jugoslawien hätte seinen Lebensmittelbedarf selber decken können. Der Widerstand der Bauern verstärkte sich von Jahr zu Jahr. Tito sagte: ‚Wir haben gerade erst angefangen und können uns jetzt nicht des Sozialismus am Lande entledigen. Man kann doch nicht zulassen, dass so große Güter wieder auseinanderfallen sollen.' Man suchte nach einer Lösung und fand sie: man setzte das Bodenmaximum von 30 ha auf 10 ha herab, um aus den so gewonnenen Landüberschüssen Staats- und Genossenschaftsgüter zu gründen, in denen die Kader Beschäftigung finden würden. Tito begünstigte die Unterbringung der Kader in verlassenen oder nationalisierten Villen. Die Gehälter der Funktionäre waren niedrig, aber sie bekamen Sachwerte gratis, z. B. Kohle. So verwandelten sich die mittleren*

„Die Gehälter der Funktionäre waren niedrig, aber sie bekamen Sachwerte gratis, z. B. Kohle."

Kader, die ehemaligen Revolutionäre, in den Apparat. In den hohen Kadern rund um Tito entwickelte sich feudale Hofhaltung. Wobei Tito, im Unterschied zu den meisten kommunistischen Führern (z. B. Stalin), seine Beziehung zum Volk nicht vernachlässigte: man sah ihn häufig bei Kundgebungen, auf Baustellen und Marktplätzen. Er baute auf seine Kader. Die Bürokratie jeder Art vermehrte sich unaufhörlich, nur ein Plätzchen in der Bürokratie bot Sicherheit und Zukunftsaussichten. Nicht weit davon bildeten die Organe des Zwanges (Geheimpolizei) keine Ausnahme. Sie wirkten anziehend auf politische Karrieristen.

In den Sechziger Jahren bildeten sich in der Partei demokratische ,Strömungen', in Kroatien die ,nationalistische', in Serbien die ,liberale', in Slowenien die ,technokratische'. Tito begann 1971 mithilfe der Armee und der Geheimpolizei mit den ,Säuberungen'."

~

In den Köpfen älterer Menschen ist die Titozeit immer noch als verklärte Zeit, in der man gut versorgt war, präsent. Sichtbar ist sie überall, zum Beispiel an den Plattenbauten und nationalisierten Mietskasernen der Kaiserzeit, und dem Verhalten der Bewohner, dort, wo man seine Wohnung in den 1980er-Jahren sehr günstig kaufen und zum Eigentümer werden konnte. Dass man als Eigentümer die Reparaturen am g a n z e n Haus, vom Dach bis in den Keller, mittragen muss, will niemand einsehen. Die meisten der älteren Wohngebäude sind deshalb in einem desolaten Zustand, egal ob in Zagreb, Split oder Rijeka. Geblieben aus der kommunistischen Ära ist auch ein aufgeblähter Verwaltungsapparat. Nicht die EU ist schuld, wenn Kroatien die Gelder, die für das Land bereitstehen, in Brüssel nicht abholt, sondern der kroatische Bürokratismus, der dies verhindert. Projekte scheitern an den Hürden, die ihnen die kroatische Bürokratie in den Weg stellt. Nutznießer von EU-Förderungen sind allein die Großbetriebe, die Mittel und Wege finden, diese Hürden zu nehmen. Für die nächsten Jahre wird ein Sterben der kleinen Landwirte vorhergesagt. Von 400 000 kroatischen Landwirten wirtschaften 300 000 subsidiär, also nur für den

Ein jeder bastelt an seinem kleinen Eigentum.
Fürs gemeinsame Große gibt es kein Interesse.

eigenen Kochtopf. 100 000 produzieren für den Markt, die Hälfte von ihnen will demnächst aufhören.

~

In den prächtigen, am Stamm verfaulenden Tannen- und Buchenwäldern von Gorski Kotari, dem Bergland um Delnice östlich von Rijeka, bekam ich, als Teilnehmerin einer Exkursion österreichischer Forstleute, Einblick in die Wirtschaftsweise der kroatischen Staats- und Privatforste. Achtzig Prozent der kroatischen Wälder, die Eichenbestände Slawoniens eingeschlossen, sind Staatswald, nur zwanzig Prozent sind privat. Die durchschnittliche Größe des Privatwaldes ist ein halber Hektar. In Gorski Kotari gibt es 2 700 Hektar Privatwald und 2 600 Waldbesitzer.

~

Die Wälder von Gorski Kotari und der Lika sind urwüchsig.

In den 1950er-Jahren trat Josip Broz wie ein König auf. Đilas: „*Tito liebte Paläste, mit denen er die Symbolik des königlichen Herrschers verband. Bei der Aneignung war er offen und konsequent. Er bestand darauf, dass alles, was einst dem Hof gehörte, nun ihm zufalle. Das hatte auch seine gute Seite: die Paläste wurden erneuert, die Möbel und Kunstwerke blieben erhalten. Die höfischen Güter wurden der Verwaltung seiner Gardeoffiziere übergeben, die direkt ihm unterstellt waren, z. B. die Villen in Split. In das Nutzungsrecht des neuen Herrschers fiel auch der ungeheure Grundbesitz und die Jagden – Karadjordjevo, Belje –, die im alten Jugoslawien staatlich waren, auf denen die königliche Familie aber gerne zu Gast war. Die Jagd-Reviere wurden genau eingeteilt, die Hochwildjagden gehörten dem Bund und waren für seine Gäste da, die ‚Hasen‘ hatten ‚Kreisbedeutung‘. Tito besuchte die Armen- und Waisenhäuser und verteilte Geschenke. Seine nächsten Mitarbeiter wurden zur Jagd eingeladen und von den Gütern mit Lebensmitteln versorgt. Es gab keine Grenze zwischen persönlichen und staatlichen Repräsentationskosten. Es wurde dem Finanzministerium einfach die Auszahlung befohlen. Tito war zweifellos der teuerste Herrscher seiner Zeit. Wir, aus der Führung, haben häufig und leicht die Villen gewechselt und uns aus den ‚Staatsreserven‘ Möbel und Bilder bestellt. Die besten Hotels und Villen wurden in geschlossene Erholungsheime umgewandelt. Brioni wurde zu Titos beliebtester Residenz.*"

Die Liste der Gäste, die ihm in Brioni Gesellschaft leisteten, reicht von Sofia Loren bis zum deutschen Bundeskanzler Helmut Schmidt, von Liz Taylor bis Willy Brandt, von Josephine Baker bis Yassir Arafat. 99 Präsidenten und gekrönte Häupter waren zu Gast, darunter die Königinnen Elisabeth II. von England, Margarethe von Dänemark und Kaiser Haile Selassie von Äthiopien. Durch Belgrad fuhr er im Rolls Royce, auf Brioni im Cadillac, den hatte John F. Kennedy ihm geschenkt.

~

Einige Wochen, nachdem ich in Kumrovec gewesen war, reiste ich nach Brioni und war angenehm überrascht, wozu erstens die gepflegte Landschaft und zweitens das Hotel Neptun beigetragen haben – und ich kann nur jedem zu einem geruhsamen Wochenende in diesem staatlichen Hotel raten, bevor es, wie geplant, in private Hände gelangt. Das Hotel Neptun stammt aus den späten Sechzigerjahren, die Einrichtung ist eine Mischung aus Teakholzfurnieren, Kupferblechen und Fliesen, Teppichböden, schwere Möbeln und Kristalllustern in aberwitzigen Sputnik-Formen, man öffnet die Zimmertür mit einem ganz normalen Schlüssel, die Klospülung betätigt man mittels einer Kette mit weißem Porzellangriff. Die Installationen wirken antiquiert, doch sie funktionieren auf Anhieb. Die Gänge sind lang und hell, in der riesigen Halle liegt ein roter Teppich bereit für den großen Auftritt. Die Atmosphäre im Speisesaal ist gutbürgerlich. Stofftischtücher, Stoffservietten, frische Blumen, das Essen schmeckte wie in meiner Kindheit, als ich mit dem Vati nach Grado in die Ville Bianchi fahren durfte.

Speisesaal im Hotel Neptun, Brioni

Die Kellnerin war aufmerksam und mütterlich. Ich spürte eine gewisse „Italianità" an allen Ecken und Enden, auch wenn das Hotel ein – immer noch – „jugoslawisches" ist. Nein, sie dürfen das Neptun nicht privatisieren! Sie sollen es auch nicht „upgraden". Es hat nur zwei Sterne, warum, ist mir nicht klar, wahrscheinlich gibt es hier kein WLAN, ich fand auch keinen Fernseher im Zimmer. Die Gäste waren hübsch angezogen und wussten sich zu benehmen, ein paar ältere Paare bevölkerten die Räumlichkeiten, italienische Großfamilien mit vielen Kindern, und einige Golfspieler aus Holland.

Nein, sie dürfen das Neptun nicht privatisieren! Sie sollen es auch nicht „upgraden".

Warum sie gerade hier auf Brioni Golf spielen, fragte ich zwei von ihnen, die ich am nächsten Tag beim Abschlagen störte. Jetzt im August waren die weitläufigen Greens vertrocknete Stoppelfelder. „O", sagten sie, „just for fun. Nature here is so beautiful." Richtig spielen könne man zwar nicht, es mangele an Platzpflege, aber die Plätze seien einfach riesig, rundherum das blaue Meer, die kleinen Inseln, und dann die herrlichen Bäume, älter und dicker ist fast unmöglich. Man kann die ganze Insel bespielen. „Brioni is great."

~

Ich mietete ein Fahrrad, mit dem ich die Insel erkundete, radelte vorbei an den heruntergekommenen Villen, in denen vor wenigen Jahrzehnten noch Titos Günstlinge gratis Urlaub machten, kam zum Hotel, in dem die Schauspieler, die auf der Nachbarinsel Theater spielen, mit ihren Familien Urlaub machen; freute mich darüber, dass es auf Brioni weder Hunde noch Autos gibt und studierte die Plakate, die auf das Filmfestival hinwiesen, das ich am Abend besuchte. Brioni ist seit 1983 ein Nationalpark. Die Touristenhorden, die meist am Vormittag zur Inseltour von Fažana herüberkommen, werden um fünf Uhr am Nachmittag wieder expediert. Ich freute mich über den 1600 Jahre alten Olivenbaum und die Eichenwälder. Ich hätte nie gedacht, dass man aus Macchiagestrüpp so traumhaft schöne Parkwälder zaubern kann. Und wem Brioni die Idee der Durchforstung und Umwandlung in einen Landschaftspark verdankt? Nun, wie die meisten Parklandschaften Kroatiens, den Österreichern. Im konkreten

143

Golf auf Brioni

Fall dem Industriellen Paul Kupelwieser (1843–1919), der aus Brioni, das eine versumpfte, malariaverseuchte Inselgruppe war, ein Paradies geschaffen hat. Die vierzehn Inseln befinden ich in greifbarer Nähe zum Festland und waren nicht weit vom damaligen k. u. k. Kriegshafen Pola entfernt, den man ab 1876 von Wien mit dem Zug erreichte. Die Spuren alter Kulturen, der Histrer, Römer, Byzantiner, Franken, Venezianer und Kroaten, denen man auf Brioni folgen kann, hatten es den damals Reisenden angetan. Sogar die Saurier waren da! Man kann ihre Fußabdrücke an einer gekennzeichneten Stelle auf den Klippen sehen. Ein Saurier aus den Universal Studios weist auf die Stelle hin.

Kupelwieser, ein pensionierter Industriemanager, kaufte Brioni 1893. Er ließ die Insel teilweise roden, um hier einen Gutshof mit Weingärten und Olivenbäumen sowie einen Gasthof zu betreiben, dann erkrankte er wie viele seiner Mitarbeiter an der Malaria. Auf seine Einladung kam der Bakteriologe Robert Koch im Jahr 1900 auf die Insel und rottete die Malaria aus. Nun erst setzte der Tourismus-Boom ein. Die Insel wurde in eine Parklandschaft verwandelt und mit Ferienvillen im Stil der Secession bebaut. Hotels entstanden und eine Wasserleitung führte aus einem unterirdischen Höhlensystem auf dem Festland Trinkwasser nach Brioni. Es gab elektrischen Strom und modernste Schiffsverbindungen nach Pola. Nach dem mehrwöchigen Aufenthalt des Thronfolgers Franz Ferdinand mit seiner Familie ging es mit Brioni steil bergauf, viele, denen das Meer in Abbazia zu dunkel und unheimlich war, kamen hierher, um im seichten und türkisfarbenen Wasser zu schwimmen. Sie kamen, um das Klima und die Schäferidylle der Jahrhundertwende zu genießen, der Hochadel wie das Großbürgertum. Ob auch Liza Spuner unter den Gästen war, und mit ihr, als Chauffeur getarnt, ihr Liebhaber Josip Broz? Man darf es vermuten. Brioni war die absolute Top-Destination. Walzerklänge, laue Nächte. Unfruchtbare Frauen wurden fruchtbar. Und dann kam der Erste Weltkrieg. Die Brioni-Inseln fielen an Italien. In den Zwanzigerjahren versuchte Paul Kupelwiesers Sohn Karl, Brioni durch den Bau eines Golfplatzes als mondäne Destination wiederzuerwecken, dabei geriet er in wirtschaftliche Turbulenzen und erschoss sich 1930. Er ist auf Brioni begraben.

~

1911 hatte Carl Hagenbeck, Zirkusdirektor aus Hamburg, mit der Errichtung eines weitläufigen Safariparks, eines Aquariums und Zoos begonnen. Das Projekt wurde nach dem plötzlichen Tod Hagenbecks nicht weiterverfolgt, der Safaripark erst unter Tito ausgebaut. Tiere gehören noch heute zum Image der Insel. Ganz wichtig ist der Kakadu, den Tito seiner Enkelin schenkte. Er lebt in der Nähe der Hotels in einer Voliere. Im Safaripark scheinen sich, so jedenfalls kam es mir vor, als ich quer durch das weitläufige Areal mit dem Rad fuhr, Zebras und Antilopen, Strauße und Gnus recht wohlzufühlen. Nur ein einsamer Elefant wirkte traurig, seine bessere Hälfte, verstarb erst kürzlich, Indira Ghandi hatte das Elefantenpaar Tito geschenkt. Auch das Dromedar, ein Geschenk Ghaddafis an Tito, lebt nicht mehr.

~

Nach 25 Kilometern Inselrundfahrt stellte ich mein Rad wieder bei der Vermietung „Rent a Bike" ab und betrat, als einzige Besucherin des Tages, wie mir die nette Dame im Foyer bestätigte, die Austellung „Bye bye Anopheles" des österreichischen Künstlers Hans Kupelwieser, eines Großneffen des Brioni-Erfinders. Die Ausstellung, gesponsert vom österreichischen Kulturforum Zagreb, beeindruckte mich wenig, was daran liegt, dass ich keine 3-D-Brillen mag, durch die man die Installationen hätte betrachten sollen. Ohne den Blick durch die rosarote Brille schienen sie mir etwas banal. Eher waren es die wunderschönen Räume der Villa, die mir gefielen. Ein Stück Wiener Secession an den Ufern der Adria.

Ich holte meine Badesachen aus dem Zimmer und wanderte durch den Wald zur Badeanstalt, einem Stück einzementierter jugoslawischer Volksarchitektur, die man am besten sprengen sollte. Die Qualität des Meerwassers ließ zu wünschen übrig. Wer das Glück hat, an den Stränden dalmatinischer Inseln zu schwimmen, erkennt sofort den Unterschied zu Istrien und dem Kvarner.

145

146

Der Saurier ist neu, die Saurierspuren auf
den Klippen echt und Millionen Jahre alt.

Die Klientel, die in den Dreißigerjahren nach Brioni kam, bestand nicht mehr aus großbürgerlichen Naturfreunden und Pionieren des gesunden Badeurlaubs, sondern aus italienischen Glücksrittern, balkanischen Adeligen mit Fantasie-Titeln, englischen Abenteurern, amerikanischen Alkoholikern und Sportlern. Golf, Polo, Segeln und Tennis standen auf dem Programm, man reiste sogar im eigenen Flugzeug an. Der Golfplatz war der größte Europas. John D. Rockefeller, G. B. Shaw, Louis Rothschild, Douglas Fairbanks standen gemeinsam auf dem Green. Auch der japanische Kaiser Hirohito war zu Gast auf Brioni. 1943 plantschten deutsche Soldaten im Meer. Nach ein paar Bombentreffern 1944 begann man 1949 mit dem Wiederaufbau. Titos Villen wurden von Zwangsarbeitern aus dem Konzentrationslager Goli Otok restauriert. Brioni hieß nun Brijuni und wurde in „Oase des Friedens" umgetauft. 1956, als Tito mit Nehru und Nasser die Organisation der „Blockfreien Länder" gründete, wurde die Insel zur Militärzone erklärt, der Zutritt dem Volk verboten.

„Um unsterblich zu bleiben", schreibt Milovan Đilas, habe Tito viele Paläste, aber keinen Nachfolger aufgebaut, *„1944 in Belgrad, als er sich inthronisierte"* habe er auch keine Absicht gehabt, dies je zu tun. Als Đilas Tito gegenüber die Frage der Nachfolge erwähnte und meinte, man könne *„das Marschallabzeichen doch an die Fähigsten vererben"*, sollte der Marschall antworten: *„Ja, damit das dann irgendein Feigling trägt."*

—

Die Heimat schmeckt nach Oktopus

Dalmatiner in Amerika

„Die tiefgefrorene Heimat", dieser Satz eines italienischen Freundes, dessen Familie nach Argentinien ausgewandert war, fiel mir ein, als ich wieder einmal mit den Amerikanern im kleinen Inselcafé über Gott und die Welt plauderte. Die Welt, in der sie drüben leben, ist klein, doch sieht sie anders aus als die kleine Welt, die sie in den Sechziger- und Siebzigerjahren des vorigen Jahrhunderts, als sie auswanderten, mitnahmen, um sie in die Tiefkühltruhe zu stellen. Sie soll immer so bleiben, wie sie war. In anderen Worten: rückständig. Mit über den großen Teich genommen haben sie auch ihr Inselidiom, das dem Kroatischen nur ähnlich ist. So manch ergrauter Teilzeitheimkehrer wartete verzweifelt auf dem Flughafen in Zagreb vor der Gepäcksausgabe, rief nach seiner *validija* und meinte damit nicht seine Frau, sondern seinen Koffer. Dieses Gepäckstück heißt in Zagreb *kofer*. Es dauerte also ein Weilchen, bis der Mann vom Airport und der Mann von der Insel draufkamen, was gemeint war. Dass Kroatien zur Europäischen Union und nicht zu den USA gehört, wollen die Auswanderer und Teilzeitheimkehrer nicht einsehen. Sie haben doch so viel Gutes getan, mit ihrem Geld wurde die Kirche repariert und das erste Stromaggregat angeschafft, und der Arzt für die alten Eltern bezahlt. Nun nehmen die bosnischen Habenichtse die Plätze der Auswanderer ein. „Die Bosnier sind doch auch Kroaten", sagte ich, „und zwar fleißige." Diese Behauptung hat meist eine heftige Diskussion zur Folge. Es soll eben alles so wie früher sein.

Diskussionen, welche die Zubereitung des Oktopus, *hobotnica,* betreffen, sind unterhaltsamer. Oktopus in allen Variationen ist das Lieblingsgericht der Eingeborenen. Hobotnica und Heimat gehören zusammen.

Sie essen den Oktopus gerne auf barbarische Art: gedünstet, in Stücke geschnitten, vermischt mit zerkochten Kartoffeln, Olivenöl, Knoblauch und Salz. Fertig. „Also ich", sagte Mary, „zerteile ihn nicht, sondern gebe ihn als Ganzes unter die Peka." Ob er dann auch weich würde, wollte ich wissen. Ich hatte es zwei Mal versucht, das Tier schmeckte, wie der kaputte Schlauch meines Fahrrads schmecken könnte. „Natürlich wird er weich. Man muss es nur richtig machen." „Aber wie?" „Einfrieren. Auftauen. Weich klopfen. Einen alten Weinkorken mitkochen?" Ich hatte schon alles probiert. Erfolglos. „Vielleicht sollte man ihm die Haut abziehen?" „Nur das nicht!" John hat bei jeder Heimreise einen getrockneten Achtarmer mit im Gepäck nach New York. Den essen sie dann zu Weihnachten. Marinko packt keinen mehr ein. Er hat heuer schon zwei Exemplare, ganz frisch, im Supermarkt in Long Island gekauft. Die wären sehr gut gewesen. Der alte Niko pflichtete ihm bei. Er war früher Fischer in Neufundland, wo Oktopusse zwei Meter lang werden. Die schmecken auch gut. Je kälter das Wasser, desto besser sind sie, mit der Größe habe das nichts zu tun. „Ach ja?" „Aber so gut wie die *hobotnice* aus Olib schmecken sie nicht." Darüber sind sich alle einig.

~

Heimat ist dort, wo man begraben sein möchte. Manche kommen deshalb schon ein Jahrzehnt vor dem zu erwartenden Sterbedatum wieder auf ihre Insel, um in vertrauter Umgebung auf den Tod zu warten. Sie kaufen eine polierte Marmorplatte und lassen ihre Namen und das Geburtsdatum in goldenen Lettern eingravieren. Die Überführung derer, die in Amerika sterben, bedeutet für die Angehörigen Zeitaufwand und Kosten. Als konservativ katholisch Erzogener tritt man die letzte Heimreise nicht in einer praktischen Urne, sondern in einem Sarg an.

Heimat ist dort, wo man begraben sein möchte. Manche kommen deshalb schon ein Jahrzehnt vor dem zu erwartenden Sterbedatum wieder auf ihre Insel.

Der eingesargte Vater meiner Freundin Mira, die in San Bruno bei San Francisco lebt, ging im Februar im Schneesturm in Frankfurt verloren. Als die Familie in Zagreb an der Gepäcksausgabe für besondere Frachten wartete, stand sie dort vergeblich. Alles war schon vorbestellt: die Aufbahrungshalle, der Pfarrer, das Ticket für den Rückflug. Man musste den Beerdigungstermin auf unbekannte Zeit verschieben, bis der Sarg gefunden war, und weil man in Amerika arbeitet, kostet jeder Tag, den man Urlaub nehmen muss, Geld.

Schneesturm im Norden bedeutet Bora an der Adria. Und das war eine Mega-Bora, damals! Als Mira davon erzählte, saß ich bei ihr im milden kalifornischen Klima, in San Bruno beim Kaffee in der Küche. Die Bora war eine von jener Sorte, bei der kein Boot, nicht einmal die große Autofähre, an der Mole von Olib anlegen kann.

Erst mit mehrtägiger Verspätung konnte das Begräbnis stattfinden. Im unbewohnten Insel-Stammhaus der Familie, in das man den Verstorbenen der Tradition gehorchend brachte, war es klamm. Mit Gebeten, Schnaps und Kaffee und zwei rasch gekauften elektrischen Radiatoren überstanden die Teilnehmer die Totenwache, sie dauert dem Inselbrauch nach eine ganze Nacht.

Für Dalmatiner reißt die Nabelschnur in Amerika nicht ab.

153

~

Mit Mira lässt es sich gut reden, sie ist schon lange „drüben", eine moderne, berufstätige Amerikanerin. Zu Mariä Empfängnis, *Vela Gospa*, am 15. August, dem großen Inselfest, verliebte sich Mira in Rade. Beide lebten schon in den USA, verbrachten die Ferien aber noch bei ihren Inselgroßeltern. Mira besuchte in New York die Handelsschule, Rade spielte Fußball in Queens, und als sie sich in Rade verliebte, verbot Miras Vater ihm das Haus. Also rissen die beiden via Hitchhiking aus und landeten bei Verwandten in San Francisco. Heute sind sie fünfunddreißig Jahre verheiratet, ihre Kinder haben gute Jobs, Mira ist Lehrerin in der Mittelschule, gleich um die Ecke, Rade chauffiert einen steinreichen Psychiater im kugelsicheren BMW zu seinen Vorträgen an verschiedenen Universitäten. Um die andere Ecke wohnt eine Schwester, in der nächsten Straße ein Cousin, in der übernächsten noch einer. Man trifft sich, telefoniert regelmäßig, feiert Familienfeste und hält Kontakt zu den Verwandten an der Ostküste, in Long Island, wo Damir wohnt. Ein jeder kennt ihn. Ich auch. Damir ist Musiker. Im Sommer spielt er auf dem alten Kontinent in Olib, im Winter auf dem neuen Kontinent in den „American Croatian Clubs", immer dasselbe, immer die einschläfernde dalmatinische Volksmusik am Keyboard oder auf der Ziehharmonika. Und immer lauscht die Croatian Community verzückt.

~

In Miras Kühlschrank in San Bruno ruht, gut verpackt, getrockneter Oktopus, ein Direktimport aus Olib. Dieses helle, verschrumpelte und beißend riechende Ding wurde von einem ihrer Onkel höchstpersönlich beim letzten Heimaturlaub in der Draga-Bucht aufgespießt, an allen acht Armen auseinander gezogen, in einen Holzrahmen gespannt und mit einem Maschengitter bedeckt, um die Fliegen vom Naschen abzuhalten. Derart fachmännisch betreut, trocknete das Tier an der Heimatluft vor sich hin, bis es halbwegs steif war und man es zur Endtrocknung an eine Wäscheleine in die pralle Sonne hängte.

Mira hatte auch noch *bakalar*, Stockfisch, im Schrank. „Soll ich den morgen machen?", fragte sie. Eine Auszeichnung, die ich zu schätzen wusste,

Ich kann den Geruch einfach nicht ausstehen und auch nicht den Anblick der angeblich so köstlichen Speise.

auch Bakalar wird nur zu besonderen Feiertagen aufgetischt. Ich kann den Geruch einfach nicht ausstehen und auch nicht den Anblick der angeblich so köstlichen Speise. Vermischt mit zerkochten Kartoffeln kommt sie als Brei auf den Tisch. Auch ein Büschel grüne Petersilie kann den Vergleich mit Erbrochenem nicht vermeiden, der Geruch erst recht nicht. Wir einigten uns auf Kalbsgulasch und tranken als Aperitif einen mit kalifornischen Walnüssen selbst angesetzten Schnaps, *orahovica*.

Rades Hobby ist der Garten. Die *šljive,* den Baum der kleine, saure Zwetschken trägt, brachte Miras Vater nach Amerika mit. Auch die *smokva,* die Feige, die üppig grün ist, ihre Früchte reifen im nordkalifornischen Küstenklima aber leider nie aus und fallen im Herbst grün von den Ästen. Gut gedeiht in seinem Garten der Strauch der Zitronenverbene, wie auf Olib verströmt sie hier ihren fruchtigen, erfrischenden Duft.

~

Einer, der statt Zwetschken ein paar Weinreben nach Kalifornien mitbrachte, war Miljenko Grgić, auf Amerikanisch Mike Grgich, der in den USA deshalb so berühmt ist, weil er die Zinfandeltraube populär machte. Grgich ist eine US-Ikone des kalifornischen Weinkults, sein in ganz Amerika bekanntes Konterfei zeigt einen freundlich

Mit Mike Grgich
in Napa Valley,
Kalifornien

lächelnden alten Mann der wegen seiner Baskenmütze wie ein Südfranzose aussieht. Ich wollte sein Weingut in Rutherford, Napa Valley, besuchen, Mira und Rade leisteten mir dabei Gesellschaft. Gegen Mittag verließen wir das kühle, nebelige San Francisco Richtung Norden, bis sich zwischen den Nebelfetzen die Sonne immer mehr durchsetzte und einen wolkenlosen blauen Himmel freigab. Vor uns lagen Weinbauflächen so weit das Auge reichte. „Grgich Hills" ist einem alten, römischen Landgut nachgebaut. Vor dem Tor ein Brunnen, daneben eine mehrstöckige Geburtstagstortensculptur, darauf: „90. *Gratulations to Mike.*" Drinnen Stapel gediegener Eichenfässer, ein Empfangsraum mit Theke aus dunklem Edelholz. In Regalen lagern die Flaschen für die Verkostung. Der Betrag, den man für eine Verkostung verlangt, ist fürstlich. Mira und ich entschieden uns für die kleine Variante: „Seven Tastings" um 37 Dollar pro Person. Nachdem uns weder der Zinfandel, noch ein anderer Wein zusagte, holte der Verkäufer, der wegen seines Tweedsakkos und seines Akzents „very british" wirkte, einen edlen Tropfen aus dem Hinterzimmer, der die Verkostung wert war: Grgich Hills Chardonnay 2007, der Lieblingswein der Obamas.

Ich zeigte auf die aus Karton ausgeschnittene lebensgroße und lebensecht wirkende Figur des lächelnden alten Franzosen mit Baskenmütze und sagte zum Engländer: „Ich finde es schade, dass ich ihn nur als Pappfigur sehen kann. Ist Mike Grgich nicht etwa zufällig da?" Ich sagte es einfach so und staunte nicht schlecht, als sich aus einer Gruppe, die offenbar eine Führung hinter sich hatte, eine Gestalt löste, die genau wie der Mann aus Pappe aussah. Er schob einen Rollator auf den Ausgang zu, eine Dame asiatischer Herkunft öffnete ihm das Tor. Der Verkäufer sagte: „Your are lucky. Mike ist dort drüben." Wir hefteten uns an seine Fersen, er schob den Rollator brav vor sich hin. Als seine Begleiterin bemerkte, dass wir ihnen folgten, wackelte sie mit dem ausgestrecktem Zeigefinger hin und her und rief streng: „No. Wir sind schon zu spät. Mike muss dringend zur Therapie." Dieser rollte schnurstracks auf ein Auto zu. Wir liefen hinterher. „Mister Grgich", rief ich. „Mister Grgich. Ich bin extra Ihretwegen aus Kroatien hierher gekommen. Ein Foto bitte. Nur ein Foto!" Das saß. Er lässt sich gerne fotografieren. Und er mag Frauen. So viel hatte ich schon über ihn erfahren.

Vor uns lagen Weinbauflächen so weit das Auge reichte. „Grgich Hills" ist einem alten, römischen Landgut nachgebaut.

Er stoppte und machte kehrt, rollte auf mich zu, lehnte sein bemütztes Köpfchen an meinen Oberarm, zog mich zu sich herunter und gab mir einen Kuss. Zu einem Gespräch kam es nicht, was aber nichts machte, ich bin sicher, dass er mir genau das gesagt hätte, was auch in den PR-Broschüren über die „Weinlegende" nachzulesen ist. Wir waren beide glücklich. „Good bye, my Lady." – „Good bye, Mister Grgich." Der Werbetext, verkürzt wiedergegeben, liest sich ungefähr so:

„1958 war Miljenko nach Kanada ausgewandert, wo er Holzfäller war. Bald zog es ihn nach Kalifornien, wo er, nur mit ein paar Dollar in der Tasche, im Napa Valley von ganz unten anfing. Zu Hause hatte er den Eltern geholfen, den üblichen Hauswein zu erzeugen und in Zagreb an der Universität Weinbau studiert. 1968 wurde er Kellermeister bei Mondavi, danach in Kooperation mit Mr. Hills selbstständiger Winzer im eigenen Weingarten, in dem der Zinfandel wuchs, den er schon aus seiner Heimat kannte, wo er „Plavac Mali" hieß. Als sein 1979er-Chardonnay bei den Weinmessen in Paris und London prämiert wurde, stürzten sich die Medien auf ihn. 1982 kredenzte Präsident Reagan den ausgezeichneten Grgich Hills Chardonnay an der amerikanischen Botschaft in Paris.

1990 fragte Miljenko den ersten kroatischen Präsidenten Franjo Tudjman, wie er dem Land helfen könne. Tudjman meinte, er könne den Kroaten zeigen, wie man besseren Wein macht. Er schenkte ihm einhundert Hektar Armee-Land am Pelješac, wo im Weingut „Grgić Vina" seither Plavac Mali und Postup angebaut und gekeltert werden. 1991 ließ Präsident George W. Bush den 1988er-Chardonnay im Weißen Haus servieren. 1992 zeigten sich Präsident Clinton und Vizepräsident Al Gore vom Grgich Hills Chardonnay begeistert. 1994

1990 fragte Miljenko den ersten kroatischen Präsidenten Franjo Tudjman, wie er dem Land helfen könne.

wurde Grgich Hills Zinfandel auf der Weinmesse in London zum „besten Zinfandel der Welt" gekürt. 1995 reiste Mike nach 41 Jahren Abwesenheit nach Zagreb, wo dem 77-Jährigen das Weinbau-Diplom der Universität verliehen wurde. 1996 eröffnete „Grgić Vina" die Produktion von Plavac Mali und Pošip am Pelješac. 1999 unterstützten Mike Grgich, Robert Mondavi, das U.S. State Department und die Vereinten Nationen mit Geldspenden die Entminung der landwirtschaftlichen Flächen Kroatiens. Bei Fundraisings in Amerika wurden kroatische Weine und traditionell kroatisches Essen serviert. 2002 wurde

das Ergebnis der DNA-Untersuchungen, die Mike Grgich in Auftrag gegeben hatte, präsentiert. Es bewies, dass die Zinfandel-Traube mit der Crljenak-Traube ident ist, von der die Plava-Mali-Traube stammt, und dass die Wiege der erfolgreichsten kalifornischen Weinrebe in Dalmatien ist. 2007 überreichte der Zagreber Bürgermeister Milan Babić Miljenko das Goldene Ehrenzeichen für seine Verdienste um die Republik Kroatien."

Zum Abschluss unserer kulinarischen Reise kehrten wir in San Francisco, 240 California Street, bei „Tadich Grill" ein. Das „original cold day restaurant" gibt es seit 1849, in der sechsten Generation ist „Tadich" in dalmatinischer Familienhand, und noch immer kommen Verwandte von der alten Adriaküste an die neue Küste am Pazifik, um in der Firma anzuheuern. Es ist ein typisches, traditionelles Fischrestaurant, wie man es auch in Europa, am Atlantik findet, mit einer langen Theke aus massivem Teak, schönen alten Lampen, solidem Geschirr, Stoffservietten, einem Show-Grill und einer Menükarte, die sich an der Weite des Pazifiks orientiert und keinen Wunsch offen lässt. Ich entschied mich für einen Brancin aus Chile, und werde wohl nie wieder einen so knusprig gegrillten Fisch essen. Tut mir leid, liebe Chefs der dalmatinischen Küche, die ihr euch für die Besten der Welt hält!

~

Wenn Dalmatiner auswandern, dann ziehen sie in eine Gegend, in der es so ähnlich wie zu Hause aussieht. So eine Gegend ist San Pedro im Süden von Los Angeles, wo über dreißigtausend Menschen mit amerikanischer und kroatischer Doppelstaatsbürgerschaft leben. Früher, als San Pedro noch nicht mit Los Angeles verschmolzen war, befand sich hier bereits ein Hafen für Frachtschiffe, daraus wurde ein riesiger Containerhafen. Viele der ausgewanderten Dalmatiner begannen nach ihrer Ankunft als Dockarbeiter, danach fanden sie meist Arbeit in einem Handwerksberuf, bis sie ihr eigenes Business eröffneten. Heute sind sie etabliert, die Arbeit in den Docks und im Handwerk erledigen die Mexikaner.

Dort bin ich geboren. Dort will ich sterben.

Die kroatische Gesellschaft von San Pedro trifft sich regelmäßig im „American Croatian Club", der im Jahr 1961 gegründet wurde. Es gibt ein eigenes geräumiges Clubhaus mit Büro, Bibliothek, Bar, Küche, Speiseräumen und einem Veranstaltungssaal. Über der Bar befindet sich ein Bildschirm, auf dem, als ich das Clublokal betrat, gerade ein Interview mit dem bekannten kroatischen Schmalz-Barden Oliver lief. Die Wände des Lokals waren mit Plakaten von Šibenik, Trogir, Dubrovnik, Hvar und mit Fotografien fescher junger Leute in kroatischen Trachten geschmückt, in jedem Raum hing ein großes Porträt von Ante Gotovina, der zu dieser Zeit bereits auf freiem Fuß war. Ich hatte mich telefonisch zur „splitska noć" angemeldet, wurde am Telefon freundlich mit dem Hinweis begrüßt, sechzig Dollar mitzubringen, von den Eintrittsgeldern wollte man in diesem Jahr einen medizinischen Apparat für ein Heim in Split kaufen, in dem Kinder mit besonderen Bedürfnissen betreut werden. „Wir spenden immer ein

Gerät oder ein Möbel, etwas, das sie dort nicht haben", sagte die Clubsekretärin. „Das ist besser, als Geld hinzuschicken, dieses könnte auf dem Weg verschwinden." Man habe seine Erfahrungen gemacht und daraus seine Lehren gezogen.

Die Männer an der Bar sahen so aus, wie die Männer an einer Bar in Split aussehen: sie legen wenig Wert auf ein gepflegtes Äußeres. Die Frauen hatten sich hübsch gemacht, einige trugen sogar lange Kleider. Eine Dame vom Empfangskomitee führte mich in den Saal und zeigte auf einen Tisch, an dem ein älteres Paar saß. Sie wusste, dass ich mich in Zadar gut auskenne und sagte: „Alle Leute hier sind aus Split, nur die beiden sind aus Zadar, die freuen sich schon auf dich."

Meine Tischnachbarin stammte aus dem Dorf Božava auf der Insel Dugi Otok, mein Tischnachbar vom Festland, aus einem Dorf in Ravni Kotari. Sie waren beide enthusiastische Clubmitglieder, von Anfang an dabei, weshalb sie sogar heute anwesend waren, was unüblich ist. Denn die von Zadar mögen die aus Split nicht, und umgekehrt, so dass ich sie höflich darauf ansprach. „You are right", sagte der nette Herr, sein Name ist mir entfallen, „als wir im Jahr 1961 gemeinsam Jugoslawien verließen, meine Frau und ich, wollten sie in Zadar eine medizinische Universität errichten, weil es eine solche schon im Mittelalter gegeben hat, als Split noch ein Dorf war. Aber die aus Split haben es verhindert. Das ist mit vielen Sachen passiert. Die Spliter glauben, dass sie etwas Besseres sind."

„Schade", sagte seine Frau, „dass Sie am Independence Day, am 25. Juni, nicht hier sind." „Am 25. Juni? Der amerikanische Independence Day ist doch am 4. Juli." „Aber nein, ich meine doch den kroatischen Unabhängigkeitstag. An ihm sperren wir die Straße vor dem Club ab. Es gibt Tanz und Musik, wir grillen Ražnići und Ćevapčići. Ganz San Pedro ist da! Und das Fernsehen. Wir haben einen eigenen kroatischen Sender und sind über alles informiert, was in Kroatien passiert. Wussten Sie, dass gestern der schwedische König in Ravni Kotari war? Nicht? Na, schen Sie!" Später, als ich auts Klo ging und am Fernseher vorbeimusste, durfte ich den schwedischen König beim Weinverkosten bewundern. Und viel später, als ich schon wieder in Zadar war, erfahren, wie es dem König ergangen war. Man hatte für ihn und seine Begleitung im Restaurant „Pet Bunara", Bei den

„Wir spenden immer ein Gerät oder ein Möbel, etwas, das sie dort nicht haben."

Leuchtturm im
Hafen von Zadar

fünf Brunnen, einen Tisch reserviert. Als die Delegation ankam, fand sie das Restaurant geschlossen vor. Schuld daran war die Finanzpolizei, die seit 1. Jänner 2013, seit es das neue Fiskalgesetz gibt, „undercover" kontrolliert. In der Kassa des Restaurants hatte sie einen nicht bonierten Betrag von achtzig Kuna(!), das sind rund zehn Euro, gefunden und das Restaurant sofort geschlossen. Dazu muss man wissen, wie dieses Gesetz, das zur Einschulung der im Steuerzahlen noch ungeübten Kroaten erfunden wurde, funktioniert: jeder Kassabon, den der Computer eines Geschäfts oder Restaurants auswirft, gibt alle Daten automatisch sofort an den großen Bruder in die Finanzzentrale Zagreb weiter. Stimmt die Kassa nicht mit der Summe der Beträge auf den Kassabons überein, wird das Lokal sofort geschlossen, bis der Besitzer eine entsprechende Strafe entrichtet. Jeder Gast oder Kunde ist dazu verpflichtet, eine Rechnung zu verlangen und den Kassabon, wenn er das Lokal oder Geschäft verlässt, aufzubewahren. Das System wurde in ganz Kroatien eingeführt. Und da man in all den Städten und auf allen Inseln seine Verbindungen zur Finanz hat und jeden Beamten persönlich kennt, schickt man zur Fahndung als Kunden getarnte, im Ort unbekannte Leute. Im Fall des vor verschlossenen Türen stehenden Königs waren die Kontrollore aus Đakovo in Slawonien, vom hohen Besuch des schwedischen Monarchen hatten sie angeblich keine Ahnung gehabt. Der Vorfall war, wie man hörte, der Stadtverwaltung ein wenig peinlich.

„Take some more", mein Tischherr reichte mir den Meeresfrüchtesalat, die *Mortadela* (auf kroatisch mit einem „l"), den *Pršut* und den Käse. „Heute haben die Frauen aus Split alles selber vorbereitet. Den *Schinken* kann man in einigen Läden kaufen. Es gibt in San Pedro sieben kroatische Restaurants."

Dann kam der Moment, an dem sich alle erhoben. Eine junge Frau mit einer gewaltigen Sopranstimme trat ans Mikrofon, um zur amerikanische Hymne anzuheben, die rechte Hand am Herzen, sangen alle lauthals mit. Von der kroatischen Hymne kannten, wie an den Lippen abzulesen, nur wenige den Text. „Amerika", sollte mein Tischnachbar später sagen, „hat uns so viel gegeben. Jugoslawien schickte uns weg."

Nach der Vorsängerin trat der junge Gemeindepfarrer, ein Pole aus Wien, ans Mikrofon um mit uns, auf Kroatisch und mikrofonverstärkt, das Vaterunser zu beten. Nach ihm sprach der Präsident des Clubs über die glorreiche Stadt Split, die schon vor Tausenden Jahren angeblich ganz toll gewesen ist. Meine Tischnachbarn und ich schauten uns an. So ein Unfug. Zadar ist dreitausend Jahre älter. Es galt schon als geordnete Hauptstadt, als Split noch ein Seeräubernest war, in dem man Sklaven verkauft hat.

Ein Risotto wurde aufgetragen. Der Wein war nicht von Grgich. Die Band, die auf der Bühne Platz genommen hatte, spielte kroatische Popmusik, die Sängerin hatte man aus Split eingeflogen. „Kennen Sie die Bončić?", wurde ich gefragt. „Ja! Ich weiß, wo sie wohnen, wenn sie im Sommer kommen." „Nicht nur im Sommer", sagte meine Nachbarin. „Sie sind jetzt für immer nach Olib gezogen." „Und Sie? Möchten Sie auch zurück nach Dugi Otok?" „Oh nein. Wissen Sie, unsere Kinder sind Amerikaner. Aber wir sind gerne im Club, hier können wir noch Kontakt mit unserer Heimat halten. Wir fühlen uns in den USA wohl. Und wir haben so einen netten Pfarrer." Als sie dies sagte, faltete ihr Mann die Hände und lächelte selig.

„Wir fühlen uns in den USA wohl. Und wir haben so einen netten Pfarrer."

163

—

Zadar. Molo/Mul vor der Universität.

Von Wölfen und Trüffelhunden

Istrien und die Lika

strien war vom Krieg verschont geblieben, der Tourismus hatte sich rascher als im Rest des Landes erholt. Istriens Charme liegt, bis auf wenige Ausnahmen, im Inneren des Landes. Die viel gerühmte Esskultur Istriens ist recht passabel, man verzeihe mir meinen Hochmut. Im Friaul, oder im Veneto, speist man einfach wesentlich besser. Im Oktober 1968, ich kann mich noch genau daran erinnern, kaufte ich am Markt in Padua eine weiße Trüffel, der Preis hielt sich damals noch im Bereich des Möglichen. Woher die Trüffel war? Wahrscheinlich aus Alba, ich bin mir nicht sicher, ob man in Istrien schon nach dem weißen Gold gesucht hat. Bei uns, nördlich der Karawanken, hatten nur wenige eine Ahnung von der stinkfeinen Knolle. Um sie in Tarvis über die Grenze zu schmuggeln, hatte ich die Trüffel in meinen Schmutzwäschesack gelegt. Daheim angekommen und in Begrüßungsrituale verstrickt, schnappte sich ein dienstbarer Geist den Sack flink aus dem Auto, um den Inhalt rasch zu waschen und mir damit eine Freude zu machen. Das stinkende Zeug habe er entsorgt, sprach der Geist ein Stündchen später. Die Suche nach der Trüffel im Misthaufen verlief, wenn es jemand wissen möchte, erfolgreich.

Dann, in den Siebzigern, begann ein Mann namens Giancarlo Zigante in den feuchten Laubwäldern Istriens nach dem Schatz zu graben. Er gilt als Pionier und hat eine Art Monopol auf die Trüffelsuche und den Verkauf von istrischen Trüffelprodukten, was mich ärgert. Ich werde mir nämlich im nächsten Jahr einen kleinen Trüffelhund anschaffen, einen Lagotto, ich warte nur noch auf den Wurf, der in Rijeka stattfinden soll, wo ich Flynn, den Papa des künftigen Trüffelsuchers, ausfindig machte. Mit

Istrische Haus-
fassade

167

Trüffelhündchen Flynn. Ein Lagotto Romagnolo, der auch gerne schwimmt.

meinem Trüffelhündchen werde ich dann in Zigantes Monopol eindringen, und ich weiß, ich werde es schaffen.

In Livade parkte ich schon drei Mal vor dem Restaurant „Zigante", fest dazu entschlossen, mich – rein aus Neugier – einem „Trüffelmenü" hinzugeben. Drei Mal reiste ich, noch bevor ich mich an einen Tisch setzte, wieder ab. Dies aber nicht des Restaurants wegen, in dem man sich bemüht, der einzig wahren Art wie man Trüffel essen sollte – indem man sie hauchdünn über Reis, Nudeln oder ein Kalbsnaturschnitzel hobelt, durch aberwitzige Speisen wie Trüffelškampi und Trüffeleis Konkurrenz zu machen, na ja. Vielleicht mögen es die Gäste, verschwitzte Radfahrer gekleidet in Ganzkörperkondome, bedeckt mit Plastikhelmen, Familienväter in kurzen Hosen, Kinder, die viel lieber Pizza essen als Trüffel, und Muttis, die sich bei jedem Bissen verschlucken, wenn sie an Zigantes Preise denken. Beim letzten Besuch kaufte ich mir im Shop nicht einmal mehr die Trüffelpaste im Einmachglas.

Ein Tierfreund hatte mich auf die Idee gebracht, beim Aufstieg auf die Burg Motovun am Straßenrand zu bleiben, und den Abhang hinunterzuschauen, dorthin, wo die Trüffelhunde gehalten werden. Es war ein trauriger Anblick. Zu fünft oder mehr warten die halb verhungerten Tiere in Käfigen auf ihren Einsatz. Sie müssen ihre Notdurft dort drin verrichten, der Gestank des Kots dringt bis hinauf zur Straße. Niemand geht mit ihnen spazieren, und gefüttert werden die Hunde nur selten, damit sie die Gier bei der Suche nach den Trüffeln nicht verlieren. Sie winselten und kläfften, sobald sie mich bemerkten, sie scharrten mit den Pfoten, und hatte ich bislang gedacht, Trüffelhunde seien eine ganz bestimmte Rasse, so lag ich damit falsch! Es waren Köter, die nur deshalb wie Köter aussahen, weil man sie zu Kötern macht. Würde man die Trüffeljagd auf ein verträgliches Maß reduzieren, könnte man auch Spaß mit den Hunden haben, sich mit ihnen auf tiergerechte Weise abgeben. Es kann eben, verdammt noch mal, nicht jeder, der Kohle hat, Trüffeln essen!

Schwarze Trüffeln gibt es in ganz Kroatien. Das Problem in den Regionen um Šibenik und in der Lika, wo sie vorkommen, sind jedoch die Minen. Man hat die Minensuche in vielen betroffenen Regionen abgeschlossen und die Regionen freigegeben, doch niemand kann garantieren, dass man auch alle Minen gefunden hat. So wird man, auch in Zukunft, die Trüffeln nur in Istrien suchen, wo die Claims längst von der „Trüffelmafia" abgesteckt wurden. Wo Trüffeln zu Hause sind, wachsen aber auch andere Pilze. Istrien ist ein Eldorado dafür, Steinpilze, Champignons, Parasole werden auf den Märkten angeboten. Das istrische Olivenöl ist vorzüglich, etwas bitter, wenn es rein ist. Der Malvazija gut, wenn man ihn mag. Der Schinken, die Salami, dazu die Maroni im Herbst. Istrien ist nicht nur touristisch, auch kulinarisch dem Osten und Süden Kroatiens weit voraus.

Wo Trüffeln zu Hause sind, wachsen aber auch andere Pilze.

~

Istriens Burgen sollten Türken, Räuber und Seeräuber, davon abhalten, in den Norden zu kommen. Anders als im Osten Kroatiens, siedelte man hier zur Verteidigung aber keine Orthodoxen an. Sie fehlen im Völkergemisch des Landstrichs, in dem heute die Kroaten die Mehrheit bilden, obwohl Istrien früher ziemlich italienisch war, nicht nur im urbanen Bereich, sondern auch am Lande, wo Istriens alte Dörfer wie Miniaturstädtchen aussehen.

Der Widerstand gegen die venezianischen und österreichischen Grundherren kam im 18. Jahrhundert auf, berühmt dafür sind die Knappen aus Labin. Hier baute man Steinkohle ab. 1921, als Istrien zu Italien kam, traten die Knappen von Labin in den Streik und riefen eine Republik aus, die 36 Tage bestand. Danach wurden sie von den Faschisten umso mehr unterdrückt. Kein Wunder, dass Istriens Kroaten mit Begeisterung zu den Partisanen gingen. In der Industriegegend von Labin blieb die Architektur der Industriebauten bis heute faschistisch. In Raza, einem der Industrieorte, vermeint man, Mussolini und Tito in Personalunion anzutreffen.

Ein berühmter Bürger Labins war der Reformator Matija Vlačić Ilirik, alias Mathias Flacius Illyricus (1520–1575), der eigentlich Franziskaner werden sollte. Doch er landete in Wittenberg, wurde Schüler Martin Luthers und Melanchthons und Professor an der Universität von Jena. Als er bei theologischen Diskursen wiederholt in Streit mit Kollegen geriet und diese auf „unflätige" Weise beschimpfte, wurde ihm der Lehrstuhl entzogen. Die Redewendung „sich wie ein Fläz aufführen" soll auf sein Benehmen zurückgehen.

~

Im Jahr 1990 lebten noch 600 000 Serben in Kroatien, die meisten in Zagreb, in Ostslawonien, rund um Knin und in der Lika.

Lika bedeutet „Wolfsland". Durch dieses zog sich einst die Burgenkette der österreichischen Militärgrenze, in der man orthodoxe Wehrbauern ansiedelte und mit Waffen versorgte. Die Menschen in der Lika, oft waren sie Schafhirten, brauchten ihre Waffen auch zum Schutz der Herden gegen reißende Wölfe. Unter Tito wurden entlang der Bahnlinie in der Lika Industrien angesiedelt, die „Winnetou & Old Shatterhand-Filme" wurden hier gedreht und die Plitvicer Seen zum Nationalpark ernannt, eine Wasserfall- und Seenlandschaft des Karst, wie es sie auch, etwas bescheidener, anderswo entlang der Grenze zu Bosnien etwa an der Quelle der Una gibt – die aber keiner kennt, und die deshalb schon besuchenswert ist. Ich würde Nationalparkwanderern auch einen Ausflug in den „Nacionalni park Sjeverni Velebit" empfehlen, der zwischen Senj und Otočac liegt. Auf einer kurvenreichen, schmalen Bergstraße gelangt man vom kleinen Adria-Ort Sveti Juraj aus auf die 1450 Meter über dem Meeresspiegel liegende Passhöhe des Velebit, wo es gekennzeichnete Almwanderwege gibt, von denen aus man eine phänomenale Aussicht über den ganzen Kvarner und seine Inseln genießt. Die dem Meer zugewandte Seite des Gebirges ist kahl, die Landseite dicht mit Buchen und Tannen bewaldet, Habitat für Bären, Wölfe und Luchse. Wo das Gebirge in die Ebene der Lika übergeht, nimmt

Die Menschen in der Lika, oft waren sie Schafhirten, brauchten ihre Waffen auch zum Schutz der Herden gegen reißende Wölfe.

Achtzig Prozent der kroatischen Wälder
sind Staatswald, die Holzindustrie ist
in der Preisgestaltung nicht frei.
Unten: Arbeitsplatz in einer holz-
verarbeitenden Fabrik in der Lika.

Trüffelwäldchen

die Bewaldung ab, Bächlein fließen durch den Karst, Sümpfe wurden noch nicht trockengelegt, krumm gewachsene Zwetschkenbäume wurzeln in Senken zwischen den Felsen, die Bäume, die dunkle, süße Früchte tragen, sind so alt wie die gemauerten Hütten, vor denen wollige, dunkelgraue Hirtenhunde an der Kette auf ihren Einsatz warten. Im Winter kann hier bis zu zwei Metern Schnee liegen.

In dieser Einöde scheinen die Gehöfte unversehrt, doch je näher man an die bosnische Grenze kommt, desto öfter kann man noch die „Cabrio-Häuser" sehen, so nennt man die Häuser ohne Dach. In diesen Häusern lebten, vor etwas mehr als zwanzig Jahren, Serben. Wer möchte, kann Berichte über Einzelschicksale in den OECD-Protokollen nachlesen.

~

Ein idealer Ausgangsort für diese Ausflüge könnte Cirkvenica oder Novi Vinodol sein, wo es tolle Hotels gibt, die aufgrund der schlechten Buchungen in der Nebensaison sensationell günstige Preise und Wellnessanlagen direkt am Meer anbieten. Die Namen der Hotels will ich nicht nennen, aber es sind ihrer zwei, und beiden sagt man nach, dass in ihren Kellern Millionen von Hypo-Alpe-Adria-Geldern in alle Ewigkeit ruhen. Also: Nichts wie hin! In der Nebensaison, und solange die Hotels noch neu und nicht reparaturbedürftig sind.

~

Die „Nikolo-und-Krampus-Grenze" führt von Rijeka ostwärts, entlang der Kupa, bis nach Zagreb. Nördlich dieser Grenze war man vor den Türken ziemlich sicher, die Venezianer waren nicht da, nur die Österreicher, die ihr Brauchtum mitbrachten. In dieser, der alten österreichischen Gegend, kommen Nikolo und Krampus am 6. Dezember zu den Kindern. In den Landstrichen mit venezianischer Tradition bringt die heilige Lucija am 13. Dezember die Geschenke.

~

Zwischen der Kupa und dem bosnischen Gebirge lebten einst mehr Wölfe als Menschen. Zuflucht fanden die Menschen in den Klöstern. Ein solches ist das „Monastir" an der Krupa, mit „r", einem Karstfluss, der in die Zrmanja mündet. Beide Flüsse liegen in der Bukovica, einer biblischen Landschaft, die noch karger und menschenleerer als die Lika ist, an die sie anschließt. Das orthodoxe Kloster, eine großzügige, in der k. u. k. Zeit wehrhaft ausgebaute burgartige Anlage liegt in einer Senke auf dem Grund eines Canyons. Ein Dorf, eine Mühle sind in der Nähe, beeindruckend ist der Felsen, aus dem die Krupa ins Freie drängt. Ein italienischer Konzern habe sich, wie mir zugetragen wurde, schon die Rechte zum Abfüllen des Quellwassers gesichert.

Auf dem Friedhof von Krupa ruht ein Tiroler, Michael „Loup" Scherdan Malfatti. Vor Jahren hatten sich er und seine Frau Ursula in Vinjerac angesiedelt und von hier aus das Kloster Krupa entdeckt. Es war während des Balkankrieges unbewohnt, seit 2003 lebt wieder ein Mönch, Gavrilo, hier, und da er der einzige war, der sich in diese gottverlassene Gegend traute, wurde er gleich zum Abt ernannt. Als Haushälterin gab man ihm eine mütterliche Klosterfrau, Schwester Baraskeva, zur Seite. Sie lebten wie Mutter und Sohn, erfüllt von tiefer Gläubigkeit, Herzlichkeit und Gottvertrauen. Von jedem meiner Besuche im Kloster brachte ich eine kleine Ikone oder ein gesegnetes Armband mit.

Ein Jahr lang feierten Abt und Nonne die Messe am Sonntag für sich alleine. Dem Gottesdienst leisteten Loup und Ursula, beide Protestanten, an Sonntagen Starthilfe um, wie sie sagten, mit ihrer Anwesenheit, das Kirchenschiff zu füllen, was ein kleines Opfer war: Erstens hatten sie keine Ahnung von den orthodoxen Riten. Und zweitens gibt es keine Sitzbänke im feuchten, dunklen, mit Ikonen aus dem 16. Jahrhundert bemalten Kirchenschiff. Während der Messfeier steht oder kniet man nach alter Tradition. Man verrichtet seine Gebete in Demut. Ursula meinte, sie könne es sich vorstellen, ihre alten Tage im Kloster zu verbringen. Nicht als Nonne, aber eingebunden

In der Lika darf man Bären und Wölfe schießen.

in die kleine Gemeinschaft. Sie fühle sich so wohl hier. Schöne Zimmer gibt es genug, und die Umgebung ist ein Paradies. „Irgendwann", sagte sie, „werde ich ja Witwe sein." Frauen denken so. „Wahrscheinlich wegen der statistischen Wahrscheinlichkeit", meinte Gavrilo.

Eines Tages, als sie zu viert in der gemütlichen Klosterküche am kleinen Tisch, nahe dem wärmenden Küchenherd saßen, und dicken, türkischen Kaffee schlürften, dazu ein Stamperl *šljivovica* kippten und süßes, selbst gebackenes *baklava* aßen, meinte Loup: „Wenn einer von uns beiden stirbt, dann möchte ich in Krupa begraben sein."

Ein gutes Jahr später brach er, nach einer fröhlichen Osterjause, auf der Klostertreppe zusammen, sein Herz hatte plötzlich aufgehört zu schlagen. Er war in Sekunden tot. Gavrilo versuchte es mit Mund-zu-Mund-Beatmung. Baraskeva betete zu allen Engeln und Schutzpatronen. Für Ursula brach eine Welt zusammen.

Gavrilo machte Ursula den Vorschlag, Loup seinem Wunsch nach in Krupa zu begraben. „Aber er ist doch evangelisch", sagte Ursula zum Abt. „Macht nichts", meinte Gavrilo und segnete ihn nach orthodoxem Ritus ein.

Schwester Baraskeva starb im Jahr nach Loup. Wie für eine Heilige, die ein Kloster gründet, ließ Gavrilo für sie im Refektorium ein Fresko gestalten, auf dem sie dem Besucher lebensgroß entgegentritt. Lächelnd, vom Scheitel bis zur Sohle ganz in Schwarz gehüllt. Ob sie nur eine Laienschwester war? Ich vermute, ja. Einmal erzählte sie mir, sie wäre in Deutschland Frisörin gewesen und hätte erst mit fünfzig ihren Weg ins Kloster gefunden. Als ich sie bei einem Besuch im Kloster nicht antraf, erfuhr ich, dass sie krank und im Krankenhaus von Zadar war. Dort lag sie ganz alleine in einem verdunkelten Zimmer und hatte vor dem Sterben überhaupt keine Angst. Sie sagte: „Im Himmel wird es wunderschön sein." Das war das letzte Mal, dass ich sie sah.

Heute erinnert nichts mehr im Kloster an den Krieg. Gavrilo nützt den Minderheitenstatus und bemüht sich konsequent um die Hilfe internationaler Organisationen für die Wiederherstellung des Kulturerbes. Ein Raum nach dem anderen wird renoviert, ein Ikonen-Museum gibt es auch schon. So einzigartig wie damals, als ich das erste Mal hier war, ist es jedoch nicht mehr. Es war Februar, ich fuhr durch die von Schneefeldern bedeckte Landschaft, und außer einem verlorenen Schaf und einer abgemagerten Kuh begegnete ich keinem Lebewesen. Auch im Kloster schien niemand zu wohnen. Auf der steinernen Brücke über die vereiste Krupa traf ich dann Ursula. Ich erinnere mich oft daran, wie sie mich ins Kloster und in die warme Baraskeva-Küche führte. Und daran, wie Gavrilo mich bei der Abreise davor warnte, unterwegs stehenzubleiben und aus dem Auto zu steigen. „Wegen der vielen Wölfe."

—

Europska Avenije

Zwischen Donau, Drau und Save

Wir frühstückten zu viert in ihrer Absteige in Zagreb, die kleine Wohnung in der Nähe des Bahnhofs hatte schon zwei Generationen von Studenten gute Dienste geleistet. Von draußen drang der Duft von geröstetem Kaffee herein, die Franck-Kaffeerösterei ist gleich um die Ecke. Meine Freundinnen fragten, ob ich mit nach Zadar komme, die Wettervorhersage versprach ein sommerliches Herbstwochenende. „Nein. Ich will nach Vukovar. Ich komme dort nie wieder hin, wenn ich nicht heute und zwar j e t z t hinfahre." So reiste ich fest entschlossen in den wilden Osten Kroatiens, und das allein. Arnold, der Fotograf, der mitfahren sollte, sagte mir ab, weil Wichtigeres anstand. Und ein Freund, der mitfahren wollte, sagte ab, als ich ihm am Telefon erklärte, dass ich nicht nach Slowenien, sondern nach Slawonien will. „Slawonien? Wo ist denn das?"

Nun, es ist das Land östlich von Zagreb, zwischen Drau, Donau und Save, es grenzt an Ungarn, Serbien und Bosnien, die alten Römer nannten die Provinz Pannonien, und als die Kroaten das heutige Kroatien besiedelten, fingen sie damit in Pannonien an. Die Freundinnen rieten mir, in Osijek zu übernachten. Also Osijek. Bald nach Zagreb wird das Land flach, im Süden, an der slawonischen Brücke, Slavonski Brod, sollen die Eichenwälder prächtig sein, an der Autobahn bekommt man davon hie und da einen Eindruck, fährt man an den Wald-Inseln vorbei, die mitten im abgeernteten, fetten Ackerland liegen. 50 000 Hektar Agrarflächen werden von Ivica Todorić unter den Pflug genommen, 30 000 Hektar davon gehören ihm privat. In den Jahren nach Titos Tod wurden die Staatsbetriebe aufgeteilt, und nicht jeder, der sich etwas neh-

Die Dörfer dort, um es voraus- zuschicken, sind keine Freilicht- museen, sondern echt.

men durfte, hat daraus auch etwas gemacht. Todorić, ein ehemaliger Blumenhändler, ist bei Weitem der Erfolgreichste unter den Planwirtschaftsnachfolgern, sein Konzern „Agrokor", der größte Nahrungsmittelproduzent Kroatiens, liegt auf Expansionskurs in alle ehemaligen Länder des kommunistischen Ostens. Vom Boden zu den Grundnahrungsmitteln, der Verarbeitung und dem Verkauf ist alles in seiner Hand: Wasser (Jamnica und Jana), Öle und Fette (Zvijezda, Sojara), Salz (Solara Pag), Tiefgekühltes und Eis (Ledo), Wurst, Fleisch und Wein, die Supermarktkette „Konzum", Teile von Mercator (Slowenien) und der allgegenwärtige Zeitschriften- und Zigarettenvertrieb Tisak.

Nördlich der Autobahn, in den sanften Hügeln wächst der *Graševina,* auf Deutsch Welschriesling, ein Allerweltswein, erhältlich auch im praktischen 5-Liter-Karton. Ich solle mir den Wein-Ort Kutjevo nicht entgehen lassen, hatte man mir geraten, dort hätten Maria Theresias Herzbube, Freiherr von Trenck, und seine Panduren eine Menge Spaß gehabt. Was sollte ich in so einem Ort allein? Also bog ich nach Sisak ab, in die kleine Stadt an der Kupa, in der ich den Parkscheinautomaten weder suchte noch fand, und aus der ich deshalb einen Strafzettel mit nach Hause nehmen durfte. In einem mit Thonet-Möbeln ausgestatteten Restaurant am Flussufer nahm ich ein herzhaftes Mittagessen zu mir, dem Internet entnahm ich zum Nachtisch, dass sich von 1941 bis 1945 in Sisak die Außenstelle des berüchtigten kroatischen Ustaša-KZ Jenovac befand, in die man die Kinder von Serben, Roma und Juden zur „Umerziehung" steckte.

Aus Sisak stammten die Brüder Stjepan und Antun Radić, die Gründer der Kroatischen Bauernpartei, die in den 1920er- und 1930er-Jahren viele Anhänger gewann. Auch Franjo Tudjman kommt, eine Generation später, aus dieser politischen Bewegung. In ihren national gefärbten Schriften zeigen die Radić-Brüder lauter fröhlich tanzende oder mit urtümlichen Geräten arbeitende Bauern in bunt bestickten Gewändern. Die Realität war anders: die Bauernbefreiung von 1848 hatte ihnen nur den unmittelbaren Grundbesitz ins Eigentum übertragen, aber nicht den Gemeinschaftsbesitz der Wälder

und Weiden. Und das Werkzeug, mit dem sie gearbeitet hatten, gehörte dem Feudal-
herrn. Streit untereinander, Kampf gegen die Herrschaft und der Mangel an Werkzeug
machte die Bauern noch ärmer, sie mussten sich als Tagelöhner verdingen und den
Kleinbesitz, der nun ihr Eigen war, erhalten. So blieben sie arm, wenn nicht ein paar
aus der Familie auswanderten. Ärmer waren die Bauern nur im benachbarten Bosnien.
Im „Lonjsko polje", dem Naturpark zwischen Kupa und Save, sieht man noch heute,
wie die Bauern lebten – und leben. Die Dörfer dort, um es vorauszuschicken, sind keine
Freilichtmuseen, sondern echt. Alles, was man sieht, ist lebendiger Verfall in Progres-
sion. Ich fuhr den Deich, der die Au vom Ackerland trennt, entlang. „Entzückend!",
rief ich aus, ganz für mich selber. „Herzig!" Ich bin eben romantisch und nostalgisch
verblendet. Ein Straßendorf reiht sich hier an das andere, Hunderte dunkle Blockhäus-
chen mit geschnitzten Fassaden, windschiefen Balkonen und blau gestrichenen Fens-
terrahmen ragen aus dem schwarzen Morast, die meisten sind unbewohnt, daneben
baute man neue, gemauerte Häuschen, von denen immerhin einige bewohnt zu sein
scheinen. Stapel aus sauber geschlichteten Brennholzscheitern lassen dies vermuten.
Gänse watscheln über den Asphalt, Jugendliche rattern auf Mopeds herum, da sind
Teiche, schmale Stege, Seerosen, ein Tourist Coffee Shop, ein netter junger Mann dort,
beim Holzhacken. „Sorry. We are closed. Wir haben im Frühjahr Saison. Kommen Sie
im Frühjahr wieder, wenn die Störche zurück sind."

~

Noch 270 Kilometer Autobahn bis Osijek. Gott
sei Dank gibt es die Autobahn. Kein Verkehr. In
der Nacht etwas unheimlich. Die Einfahrt in das
Zentrum schien elend lang. Osijek, eine Stadt?
Ein Straßendorf, das ist der erste Eindruck.
Dass Osijek an der Drau liegt, war mir bewusst,
also folgte ich einem Schild, das mich zum Ho-
tel „Drava" wies. Es lag inmitten von niedrigen
Häuschen in einem Hinterhof, und nicht an der
Drava. Es war modern, klein, nett, ruhig und

preiswert, und alles andere als ausgebucht. Die junge Frau an der Rezeption animierte mich zu einem Spaziergang ins Zentrum. „Weit?" „Nein, nur fünf Minuten zu Fuß, zehn bis zur Uferpromenade."

An ihr fand ich leere Cafés, nur die Raucherzone in Beck's Bierbude war voll besetzt. In einem Glaspalast im ersten Stock ein Restaurant, die Fliesen im Aufgang locker, ein Ober grüßte freudig. Die hübsche junge Dame am Nebentisch war online, ihren Partner sah ich nur von hinten, er beugte seinen trapezförmigen Oberkörper über zwei Suppenteller und schlürfte. Die Dame sollte ich am nächsten Tag im Theater auf einem Plakat als Primaballerina wieder erkennen. Ich wählte die slawonische Suppe (mit Paprika und Wurst) und ein Glas Merlot aus der Baranja, der sei, so versicherte der Ober, mehrfach prämiert. Er war traurig, dass ich nicht mehr konsumieren wollte. Trinkgeld gebe ich, bei so freundlicher Bedienung, immer reichlich. Man verdient in Kroatien mit redlicher Arbeit wenig, und noch weniger in Osijek. An einer Straßenecke kaufte ich noch eine Tüte Maroni und wusste bald, nach der Bettlektüre des Hotelprospekts, wohin mich der nächste Tag führen würde: in die „Europska Avenije", ins Naturreservat „Kopački Rit", nach Vukovar und ins Stadttheater von Osijek.

~

Durch diese Stadt müsste man reiten, das war der zweite Eindruck. Ich fühlte mich wie in einer amerikanischen Wildwest-Town, die niedrigen Häuser mit ihren Schmuckfassaden, wie draufgedübelt oder -geklebt. Die breiten Straßen, statt Reitern Radfahrer. Der hässliche neugotische Backsteinbau, die Peter-und Paul-Kirche, die von allen gelobt wird, ließ ich links liegen, um sie nach einhundert Metern als Hintergrund für ein Foto zu verwenden, das ich von der Bronzestatue des ersten Präsidenten Kroatiens, Franjo Tudjman, im Hof des neuen Stadt Einkaufszentrums schoss. Im Schaufenster eines Optikers lagen vier tolle Sonnenbrillen um minus vierzig Prozent von „MiuMiu", die musste ich probieren. „How much?" Die schönste kostete 2 800 Kuna, 400 Euro, da war der Rabatt schon abgerechnet. Vielen Dank, ich komme nicht wieder.

Als ich vor das Geschäft trete, fällt mein Blick auf ein großes Reklameschild von Podravka. Assoziationen werden wach. Šipak, von Podravka! Die Hagebuttenmarmelade. Erinnerungen an die Zeit, als Kroatien noch bei Jugoslawien war, und die

Stadtansichten von
Osijek. Franjo Tudj-
man in Bronze (re.o.).

183

Menschen in der Bäckerei im Hafen von Trogir um frisches, warmes Weißbrot Schlange standen, die Schmolle weich und locker, die Rinde dünn und krustig. Kipfel gab es auch und einen süßen Zopf in zwei verschiedenen Größen. Das war's. Wir, die Kinder und ich, reihten uns ohne zu murren in die Schlange ein, weil es so gut aus dem Backraum duftete, so warm und nahrhaft. Auf dem Boden krabbelten Küchenschaben, aber das habe ich den Kindern nie gesagt. An der Rückwand der Bäckerei, hinter der Budel, an der vier Verkäuferinnen das Brot ausgaben, hing ein Bild von Josip Broz Tito, dem Mann, dem wir unser täglich Brot verdankten. Auf dieses frische, warme Weißbrot mit der knusprigen Kruste gaben wir zum Frühstück klumpende Butter und einen Klacks cremigen „Šipak" von Podravka. Noch in Gedanken an damals versunken erreichte ich die Europska Avenije, sie liegt parallel zur Drau und ist einzigartige „Osijeker Secession", eine Prachtstraße, in der man noch achtspännig Staub aufwirbelte, während sich woanders schon die Automobile ihren Weg durch ähnliche Avenuen bahnten. Die Stadthäuser der deutschen und jüdischen Bourgeoisie, die ihr Geld in Handel und Industrie verdiente, sind in Zuckerlrosa, Gelb, Mint und Hellblau gehalten. In den verwilderten Vorgärten blühen noch die alten Kletterrosen, manche der Fassaden sind mit Efeu überwuchert, Balustraden, Balkone und Loggien bröckeln ab, die schmiedeeisernen Tore sind verrostet, wie charmant! Ich öffne ein schweres Haustor aus Eiche, das in ein bunt

In den verwilderten Vorgärten blühen noch die alten Kletterrosen, manche der Fassaden sind mit Efeu überwuchert, wie charmant!

verglastes Stiegenhaus führt, und wette, dass die großen Wohnungen in diesem Haus alle über traumhafte, knarrende Eichenparketten verfügen. Gegenüber dem Gerichtsgebäude und der sich in desolatem Fassadenzustand befindlichen Hauptpost logieren die Rechtsanwälte. Frau Dr. Milošević, der Name fiel mir ebenso auf wie der von Dr. Arambašić. In Senj, der Uskokenstadt an der Adria, nannte man die Kapitäne der Seeräuber „Harambashas". Sie machten, hinter dem Rücken der österreichischen Burghauptleute, gemeinsame Sache mit den Inselbewohnern und verkauften die Beute auf dem eigenen Schwarzmarkt. Warum sich die kroatische Behörde zur Aufdeckung von Korruption USKOK nennt, ist mir nicht ganz klar. Doch zurück ins bürgerliche Osijek.

Zur Jahrhundertwende hießen die Hausbesitzer hier Leicht, Stark und Lustig, Rötzmayer, Adamovich, Reisner und Reinitz. Zwei Chemie-Nobelpreisträger stammen aus Osijek. Wer wird all die Fassaden restaurieren? Und mit welchem Geld? Sollte die UNESCO in Kroatien ein Betätigungsfeld suchen: hier ist es!

~

Vor einem Gründerzeitpalais, das neu verputzt wird, ist eine Ausstellung über das Leben und Wirken derer von Pejačević angekündigt, das Tor ist leider verschlossen. Berühmtestes Mitglied der Familie war die Komponistin Dora Pejačević (geboren 1885 in Budapest, gestorben 1923 in München), die der Nachwelt Lieder und Symphonien hinterließ. Die Tochter einer ungarischen Musikerin und eines kroatischen Bans, der auf Schloß Nažice, sechzig Kilometer von Osijek entfernt residierte, gehörte der privilegierten Schicht jenes Hochadels an, der um 1730 durch kaiserliche Schenkungen und später auch durch Kauf zu Vermögen kam. Sechzig bewohnte Schlösser standen zu Doras Zeit noch in Slawonien, Manifestationen des Westens – in den osmanischen Balkanländern wurden keine Schlösser gebaut. Die Pejačević hatten sich der bürgerlichen, der sogenannten „Illyrischen Bewegung" zugewandt, die sich unter anderem darum verdient machte, aus den Hauptdialekten des Südslawischen eine einheitliche Schriftsprache, das „Illyrische", zu extrahieren. Viele der Anhänger dieser Bewegung stammten aus der benachbarten Vojvodina, sie liegt heute in Serbien. Bis 1918 gehörte die multikulturelle Vojvodina wie Slawonien und Kroatien zum ungarischen Teil der Doppelmonarchie. Slawonien und die Vojvodina sind Teile der pannonischen Tiefebene und bildeten durch Jahrhunderte hindurch die Kornkammer des Kaiserreiches. Eine Stadt wie Osijek/Esseg/Eszek, die in römischer Zeit Mursa hieß, hatte in der Monarchie und in Jugoslawien ein wesentlich größeres wirtschaftlich zusammenhängendes Umland als heute, was wohl auch ihre einstige Bedeutung erklärt. Osijek, der Stadt an der Grenze zum ungeliebten Serbien, fehlt der Osten.

Kaum ist man über die Brücke auf der anderen Seite, befindet man sich in ländlicher Umgebung und dem Gefühl nach in Ungarn.

186

~

Dem Urania-Kino, einem Art-Deco-Gebäude, sitzt Pablo Picasso in Bronze gegenüber, es fällt mir in ganz Kroatien auf, wie sehr man Bronzestatuen mag. Dass Picasso wie ein Wassermann aussieht, der Flossen an den Füßen und Händen hat, soll wohl eine Hommage an die Draufischer sein, die unten am Ufer ihre Angeln in die braune Brühe halten. Ich spazierte die Drau-Promenade entlang und konnte meine Augen nicht von den tristen Sozialwohnbauten abwenden, deren Fassaden ich als eine sozialistische Interpretation des Art Deco, verziert mit aberwitzigen Loggien und Erkern in spitzen Formen, verstand.

Die Stadt Osijek liegt zur Gänze am Südufer des großen Flusses. Kaum ist man über die Brücke auf der anderen Seite, befindet man sich in ländlicher Umgebung und dem Gefühl nach in Ungarn. In der Baranja, wie die Provinz heißt, lebt eine ungarische Minderheit. Der Naturpark „Kopački Rit" zwischen Donau und Drau ist nach dem Donaudelta in Rumänien mit 23 000 Hektar das zweitgrößte Augebiet in Europa. Wenn es überflutet ist, sieht es wie ein riesiger See aus. Als ich die Au besuchte, sah sie wie eine Landschaft aus silbergrauen Weiden, Sümpfen und Seen aus. Auf den Deichen legte man Spazierwege und Radwege an, sie werden von der Osijeker Bevölkerung begeistert angenommen. An den Kanälen kann man angeln. Zwischen den Kanälen dehnt sich bestes Farmland aus, und im Eichenwald am Rande des Überschwemmungsgebietes leben kapitale Auhirsche. Sie röhrten für das Haus Habsburg ebenso wie für Josip Broz Tito, der ja auch eine Art König war. Heute haben zahlende Jagdgäste die Ehre, einen der mächtigen Könige des Kopački Rit erlegen zu dürfen.

An der Naturpark-Bootsanlegestelle schloss ich mich einem Guide und zwei Gästen aus Deutschland an, der Guide ließ uns in eine grüne Plastik-Zille mit Außenbordmotor steigen. Los ging's durch einen Flussarm, leider war der Wasserstand zu niedrig, so dass wir nicht bis an die Donau kamen, was sonst möglich ist. Schön war die Fahrt trotzdem, Fischreiher gibt es viel zu viele, zwei Fischadler kreisten über uns, Ringelnattern schlängelten sich elegant durchs Wasser,

Seitenarm der Drau

Sumpfschildkröten dösten im grauen Schlamm an der Herbstsonne. Sie haben dreiundzwanzig Arten von Stechmücken hier, sagte der Guide, aber nur fünf Arten stechen, und nur die Weibchen saugen Blut. Die Weiden haben Luftwurzeln, sodass sie jedes Hochwasser gut überstehen. Auf einer Reihe von Weiden, deren Äste ganz weiß waren, saßen unzählige schwarze Kormorane auf den Ästen. Das Weiße, so erklärte der Guide, sei der Kot der Kormorane, er töte den ganzen Baum ab. Ist der Baum tot, dann ziehen die Kormorane auf den nächsten Baum weiter.

~

In der Raststätte „Kormoran" spürt man, dass sich die Menschen am Wochenende auch einmal ein gutes Essen in einem gediegenen Gasthof leisten. Die Plätze rund um die Tische des in rustikaler Eiche edel getäfelten Lokals waren mit lärmenden Großfamilien besetzt, als Single war ich fehl am Platz. Als mich nach einer halben Stunde immer noch keiner bediente, fuhr ich mit hungrigem Magen nach Vukovar, in die Stadt, deren Wahrzeichen man schon von Weitem erkennt: einen riesigen Wasserturm, er wurde von über sechshundert Geschossen getroffen und nicht restauriert, er soll als Mahnmal stehen bleiben. Wofür? Die Antwort lässt Interpretationen offen. Drei Monate lang belagerte die jugoslawische Volksarmee die Stadt, die am 18. November 1991 in ihre Hände fiel. Ehemalige Kameraden, Serben und Kroaten, die gemeinsam in der jugoslawischen Armee gedient hatten, ehemalige Sportsfreunde und Schulkollegen, standen einander als Feinde gegenüber. Vieles wurde zerstört, das Barockschloss, die Bürgerhäuser. In einer Schweinefarm wurden zweihundert Zivilisten umgebracht, vierhundert werden noch vermisst. 938 weiße Kreuze, geschmückt mit kroatischen Flaggen, erinnern am „Memorial Friedhof" an die Schrecken des hoffentlich letzten Krieges in Europa.

Zwei Drittel der Bevölkerung sind Kroaten, ein Drittel Serben, es gibt im Gymnasium getrennten Unterricht. Den Minderheitsrechten entsprechend müsste es in der Stadt kyrillische Aufschriften geben, die kroatischen Veteranenverbände wehren sich. Im zerstörten Zentrum der Stadt stehe ich vor einer Ruine, zwei Fensterstöcke sind erhalten geblieben, an den Öffnungen hat man Kistchen angebracht, aus denen blühende Pelargonien hängen, sie sind voll symbolischer Aussagekraft, die kroatischen Flaggen an manchen Fenstern sind es auch. Nur wenige Menschen sind unterwegs, dabei ist es

Wilde Schwäne
im Kopački Rit

Was könnte Slawonien exportieren? Mir würde einiges einfallen, Kulen zum Beispiel.

Samstag, und es scheint die Sonne. Kaum zu glauben, dass in Vukovar noch vor einer Generation 20 000 Menschen in der Schuhfabrik „Borovo" Arbeit fanden, heute arbeiten dort 1 000. Auf einem Plakat ist zu lesen, dass die Tasse Kaffee ab 16 Uhr nur fünf Kuna kostet, das sind siebzig Cent. Hinauf zur schönen Uferpromenade, hinein in das Restaurant, das im Grinzinger Heurigenstil gehalten ist. Ich bestelle ein deftiges Essen. Und wieder betreut mich ein freudiger Ober. Mit den Schnitzeln auf dem Grillteller hätte man eine Großfamilie füttern können. Hirschragout war auch auf der Karte. Die Jagd, einst ein einträgliches Geschäft in der Au, kommt nicht auf die Beine. Wie auch? Der Jäger darf, wegen der Minen, keinen Schritt vom gekennzeichneten Pfad abweichen.

Auf der Donau könnten Lastkähne fahren, doch nichts rührt sich, nicht einmal ein klitzekleines Motorboot ist zu sehen. Was alles könnte man auf der Donau transportieren! Wieder eingefallen ist mir die Beobachtung einen Tag später, als ich auf der mit Lasttransporten überfüllten Autobahn Richtung Zagreb unterwegs war. Es war Sonntag, der Verkehr zäh, sodass ich Zeit zum Studieren der Aufschriften fand, aus denen ersichtlich wurde, was in den Norden reist: Champignons aus Mazedonien, Gurken aus Rumänien und Hühner aus Bulgarien. Was könnte Slawonien exportieren? Mir würde einiges einfallen, *Kulen* zum Beispiel, die scharfe Paprika-Salami aus dem Fleisch von Turopolje-Schweinen! Das Fett dieser halbwilden, gefleckten, im Marschland frei laufenden Schweine, enthält Omega-3-Säuren und soll sogar Cholesterin senkend sein.

~

Die Rezeptionistin im Hotel Drava hatte mein Ticket für die Verdi-Gala im Osijeker Stadttheater reservieren lassen, ich sollte die Karten zwanzig Minuten vorher abholen. Das Theater, ein Backsteinbau aus 1907, soll, so stand es im Stadtführer, innen sehr schön sein und das Orchester habe bestes Renommee. Im Hotel machte ich mich für den Abend fein. In Kroatien legt eine Dame, die abends ausgeht, auf ihr Äußeres wert. Ich holte mein Spitzenjäckchen und die bunten, glitzernden Ohrgehänge aus dem Koffer, zwängte meine Füße in die schwarzen Lackpumps und verwandelte mich im Nu in eine typische „Šminkerica". So nennt man eine fein gemachte Frau auf

Vukovar erholte sich bis heute
nicht von den Grauen des Krieges.

Im Hotel machte ich mich für den Abend fein. In Kroatien legt eine Dame, die abends ausgeht, auf ihr Äußeres wert.

Das Stadttheater von Osijek.
Erinnerung an die Monarchie.

Kroatisch. Ich stakste zur Theaterkasse. „Wo sitze ich?" „In der Präsidentenloge." „Wieviel kostet die Karte?" Ich kramte in der Tasche, hoffentlich hatte ich genug Geld dabei. „Fünzig Kuna." „Fünfzig ..?" „Aber ja." Für sieben Euro auf dem besten Platz! Das Foyer mit seinen Säulen und Bögen sah nett aus, der Aufgang auch, und erst der obere Stock! Die Kristallluster glitzerten, die Goldrahmen glänzten, und das Blau der Wände war eindeutig preußisch. Ich befand mich in einem bezaubernden, alten Theater – wenn sie den „Zigeunerbaron" aufführen, komme ich wieder. Ich zählte, wie viele Menschen das Theater fasst, vierhundert vielleicht. Gäste aus Belgrad sangen die Solopartien, der Dirigent war aus dem Ort. Er dirigierte schwungvoll, mit viel Paprika, er verfügte über ausgeprägte O-Beine, die ich einfach anstarren musste, während er, wie ein Reiter vom Pferd, seine Einsätze gab. Sein Großvater muss wohl Kavallerie-Offizier in der k. u. k. Armee gewesen sein, damals, als Osijeks Glanzzeit anbrach.

In der Pause sprach mich die neben mir sitzende Dame an, sie wüsste gerne, woher ich die hübschen Ohrgehänge habe. Wir freundeten uns sofort an. Sie war Universitätsprofessorin für Insektenkunde an der Hochschule für Bodenkultur. „Kommen Sie", sagte die Frau Professor und geleitete mich ins Pausenlokal der Künstler, in dem sich Sänger und Schauspieler bei Kaffee und Zigaretten vom ersten Teil der Aufführung erholten. In einem Nebenraum übte eine Sopranistin eine Tonleiter. An der Wand sah ich ein Plakat, darauf die Primaballerina, jene junge Dame, die mir am Vorabend im Glaspalast aufgefallen war.

„Ich möchte Sie gerne auf ein Glas Wein einladen", sagte meine Nachbarin am Ende der Vorstellung. Wir gingen ins Jugendstil-Hotel Waidinger schräg gegenüber. Ein freudiger Ober servierte vorzüglichen Merlot aus der Baranja. Wir hatten uns viel zu erzählen. Die Insekten-Expertin stammt eigentlich aus Sinj, einer Stadt im Hinterland von Split. 1953 waren die Menschen dort dem Verhungern nahe, an der Küste gab es noch keine Spur von Tourismus, die Bewohner wanderten aus. Ihr Papa zog mit der Familie nach Osijek, das ein Agrar- und Industriezentrum war. Schwimmen lernte sie in der Drau, das Strandbad heißt jetzt Copa Cabana. Heute ist alles umgekehrt, heute wandern die Leute von Osijek nach Split aus. Von den Studenten wird keiner bleiben. Wie soll es in Slawonien weitergehen, und wie, bitte, nach Europa?

~

Er hielt den zappelnden Fisch in die Kamera. Er dachte wohl, ich interessiere mich für seinen Huchen, ich machte ein Foto, dann fragte ich ihn, wo genau die Drau in die Donau fließe, laut meiner Landkarte müsse es in der Nähe sein. „Dort oben", sagte er, „man kommt nur mit dem Boot hin." Über der Donau lichtete sich der Morgennebel, an ihren Ufern kam das silberne Weidengestrüpp zum Vorschein. Dort, zwischen den Bäumen muss es sein. Sechzig Jahre ist es her, dass mich mein Großvater aufs Toblacher Feld, in Südtirol, mitnahm, wo die Drau entspringt. Wir spazierten auf weichen Moospölstern über einen grünen Teppich, an den Enden der Moosblüten hingen Tautropfen, wie kleine, durchsichtige Glöckchen. Vor uns gurgelte ein Bach. „Das", sagte der Großvater, „ist die Drau." Dann holte er eine Seite der Kärntner Volkszeitung aus seiner Rocktasche und faltete daraus ein Boot. Wir hockten uns ans Ufer, der Großvater gab mir das Schiffchen in die rechte Hand, an der linken hielt er mich fest. „Jetzt", sagte er, „schicken wir es los." Ich durfte das Boot ins Wasser setzen. Wir blickten ihm nach, es tanzte über die Wasseroberfläche, so lange, bis es unseren Blicken entschwunden war. „Wenn ihm nichts dazwischenkommt", sagte der Großvater, „schwimmt es nun bis in die Donau und auf ihr ins Schwarze Meer."

> Ich durfte das Boot ins Wasser setzen. Wir blickten ihm nach, es tanzte über die Wasseroberfläche, so lange, bis es unseren Blicken entschwunden war.

~

Auf einem Hügel über der Donau steht unübersehbar ein moderner Dom in der Form eines Saurierhalses, zu seinen Füßen eine neogotische Muttergottesstatue, selbstverständlich in Bronze. Daneben befindet sich ein Shop, in dem das Bild der „Muttergottes von Aljmas" in allen Gips- und Wachsvariationen verkauft wird. Und damit man all die Scheußlichkeiten, aber auch die Donau, besser sieht, befindet sich in der Nähe eine Aussichtsplattform. Dort steht neben mir ein kleiner Junge, der in Richtung Vukovar zeigt. *„Srbski"*, entnehme ich seinen Worten, und seiner Geste ein Gewehr.

Ich kaufte eine Broschüre der „Wallfahrtsgemeinde Heiligtum der Gottesmutter von Aljmas" und las folgende Deutung der Geschichte: *„1332 erstmals erwähnt, im Ort*

Dort, wo die Drau in die Donau fließt.

Von 1945 bis 1990 waren die Wallfahrten nicht erwünscht, wurden aufgehalten oder gar verboten.

Im Wallfahrtsort Aljmas findet man kein Wunder. Nur Erinnerungen an den Krieg.

lebten katholische Ungarn und Kroaten. 1526 kam ganz Slawonien und die Baranja für 160 Jahre unter die Herrschaft der Türken. 1687 wurden die Türken vertrieben. Die Jesuiten kamen in den Ort Lug/Lasko in der Baranja, mit dem Wunsch, eine Marien-Wallfahrtsstätte zu errichten. Sie schafften eine Statue an, die zu Mariä Himmelfahrt in einer Prozession von Lug nach Osijek getragen wurde. Doch dann besetzten im Zuge des Rákóczi-Aufstandes dessen calvinistische Anhänger 1697 Orte in der Baranja und verwandelten die katholische Kirche in Lug in ein calvinistisches Gotteshaus. Die Jesuiten schafften die Muttergottesstatue 1704 nach Aljmas und errichteten hier eine Kirche. Zu den Marienfesten pilgerten nun die katholischen Christen aus der ganzen Umgebung hierher. 1715 weihte der Bischof von Đakovo hier eine größere Kirche ein. 1726 errichteten die Jesuiten auf einem Hügel in Aljmas einen Kalvarienberg. 1846 brannte die Kirche, in ihr die Statue, von der es aber ein Bild gab. Dieses brachte man zu einer Quelle, an der man Linden pflanzte. Hier wurde die Gottesmutter zur „Maria unter den Linden" ernannt. 1857 schenkte der Bischof von Đakovo, Juraj Stroßmayer, der Gemeinde eine neue, die heutige, Statue, die in Wien gegossen wurde. Friedliche Wallfahrtsjahre folgten. Von 1945 bis 1990 waren die Wallfahrten nicht erwünscht, wurden aufgehalten oder gar verboten. 1991 besetzten die serbischen paramilitärischen Einheiten (Četniks) die Gegend und vertrieben alle nichtserbischen Bewohner aus ihren Dörfern. Sie flüchteten auf Lastkähnen die Drau aufwärts nach Osijek, und von dort aus weiter in den Westen. Die Besetzer plünderten, entweihten und zerstörten die Aljmaser Kirche und die Häuser der Vertriebenen. 1992 wurde unter ungewöhnlichen Umständen unter den Trümmern der Kirche die Muttergottesstatue gefunden und nach Osijek gebracht. 1998 kehrte sie mit den Flüchtlingen wieder nach Aljmas zurück. 2001 wurde die neue Kirche gebaut, Hauptsponsor war die Diözese Đakovo. 2003 krönte der Heilige Vater Johannes Paul II. bei seinem dritten Besuch in Osijek die Statue der Gottesmutter von Aljmas. Zu ihrem 300. Geburtstag wurde die Wallfahrtsstätte 2004 eingeweiht."

Bedeutend für Kroatien war der in Osijek geborene, aus einer steirischen Familie stammende Erzbischof Joseph Georg/Josip Juraj Stroßmayer (1815–1905), ein Anhänger der Illyrischen Bewegung. Was die Kirche anging, schwebte ihm eine Wiederbelebung des volkstümlichen, altkroatischen Ritus vor. Stroßmayer übte, neben seinem

Bischofsamt, viele politische Tätigkeiten im Reichsrat in Wien und im kroatischen Sabor in Agram/Zagreb aus, in fast jeder Stadt befindet sich eine Stroßmayer-Promenade und ein Stroßmayer-Denkmal. Er beteiligte sich an den „Osijeker Reformen" und betrieb in Đakovo Mustergüter, die so effizient waren, dass die Diözese aus ihren Erträgen Schulen finanzieren und die Universitäten in Agram/Zagreb und Osijek/Essegg/Eszek gründen konnte, und so zur Entstehung eines kroatischen Bildungsbürgertums, aber auch des Nationalgedankens beitrug. Kirche und Nation waren und sind in Kroatien eng miteinander verbunden.

Den Ort Đakovo, Sitz der Erzdiözese im Herzen Slawoniens, wollte ich weniger des berühmten Erzbischofs, als der Lipizzaner wegen besuchen. Im Ortszentrum – knappe vierzig Kilometer südlich von Osijek und mitten in den Pampas – angekommen, war ich von der Demonstration kirchlicher Macht überwältigt. Die aus Backsteinen im neuromanischen Stil erbaute Kirche des hl. Petrus und das erzbischöfliche Palais, auch das Priesterseminar, alles ist mächtig, prächtig und bis ins teuerste Detail renoviert. Ich fragte einen jungen, in eine elegante Soutane gekleideten Priester nach dem Gestüt der Lipizzaner, er wies mir den Weg an den Rand der Stadt, die aus einer Ansammlung von einstöckigen, geduckten Häuschen besteht. Seit 1102 praktizierte man in Slawonien ungarischen Feudalismus, Macht, die an Grundbesitz und nationale Treue gekoppelt ist und von der Arbeit der fleißigen Untertanen lebt. Đakovo war ursprünglich der Sitz des Bischofs von Bosnien, das 1462 unter die Herrschaft der Osmanen fiel und bis 1878 bzw. 1908 türkisch blieb. Slawonien kam nach der Schlacht von Mohacs 1526 zum osmanischen Reich und blieb nur bis 1689 türkisch verwaltet. Im 18. Jahrhundert wurde Slawonien eine bosnische Zufluchtsstätte. Das Lipizzaner-Gestüt ist keine großartige Sache. Ein freundlicher Angestellter zeigte sich sehr verwundert, dass ich des Gestüts wegen hergekommen war. Er wartete gerade auf eine Besuchergruppe und erlaubte mir, alleine zu den Pferden in die Boxen zu gehen. Eines,

> Die aus Backsteinen im neuromanischen Stil erbaute Kirche des hl. Petrus und das erzbischöfliche Palais, auch das Priesterseminar, alles ist mächtig, prächtig und bis ins teuerste Detail renoviert.

Der Arm Wiens reichte weit. Sogar Lipizzaner wurden in der Barockzeit nach Đakovo an die Grenze zum türkischen Bosnien gebracht.

dem ich gefiel, wieherte erwartungsvoll, klopfte mit einem Vorderhuf gegen die Boxenbretter und teilte mir mit, ich solle es auf die Wiese führen. Wir schmusten ein wenig, dann ging ich wieder vor das Tor, wo die Besuchergruppe schon eingetroffen war, ein Bus voller Slowenen aus Lipica.

~

Auf der Weiterreise durch die Landschaft zwischen Drau, Save und Donau fiel mir die kroatische Hymne ein, deren gefühlsbetonte Melodie jedem, der halbwegs musikalisch ist, ans Herz gehen muss. Sie hat ihren Ursprung in einem slawonischen Volkslied, Gott sei Dank in keinem dalmatinischen, bei dem würde man nämlich einschlafen. 1972 wurde das Lied offiziell zur Hymne der „Sozialistischen Republik Kroatien" erhoben und 1990 nach der Gründung der Republik beibehalten. In der k. u. k. Monarchie hatte man die Hymne „Lijepa naša domovino" (Unser schönes Heimatland) ab 1891 nach der Kaiserhymne gesungen.

Kroatischer Originaltext	Deutsche Übersetzung
Lijepa naša domovino,	Unsere schöne Heimat,
Oj junačka zemljo mila,	Heldenhaftes liebes Land,
Stare slave djedovino,	Alten Ruhmes Vätererbe
Da bi vazda sretna bila!	Ewig sollst du glücklich sein!
Mila, kano si nam slavna	Lieb bist du uns, wie du ruhmreich,
Mila si nam ti jedina.	Lieb bist du uns, du allein,
Mila, kuda si nam ravna	Lieb bist du uns, wo du eben,
Mila, kuda si planina!	Lieb, wo du Gebirge bist.

199

Teci Dravo, Savo teci,
Nit' ti Dunav silu gubi,
Sinje more svijetu reci:
Da svoj narod Hrvat ljubi!

Dok mu njive sunce grije,
Dok mu hrašće bura vije,
Dok mu mrtve grobak krije,
Dok mu živo srce bije!

Fließe Drau, Save fließe.
Auch du Donau, verlier nicht deine Kraft.
Blaues Meer, der Welt sage:
Dass der Kroate sein Volk liebt,

So lange die Sonne seine Felder wärmt,
So lange die Bora seine Eichen umweht,
So lange das Grab seine Toten bedeckt,
So lange ihm sein lebendiges Herz schlägt.

~

In Zagreb traf ich mich mit einer alten Dame, die ich vom Schwimmen aus Olib kenne. Sie und ich, wir beide mögen das Meer am frühen Morgen, wenn alle anderen noch schlafen und sich das Wasser wie Seide anfühlt. Ruth spricht ein wunderschönes Deutsch mit ungarisch eingefärbtem Akzent. Kurz vor Zagreb hatte ich mich bei ihr telefonisch gemeldet, wir vereinbarten, dass wir uns auf dem Jelačić-Platz, in der „Aida", gleich beim Reiterstandbild des Nationalhelden treffen. Ich sollte dort auf sie warten. In dieser österreichischen Konditorei im Zentrum Zagrebs fühlte ich mich wie in der Aida am Stephansplatz in Wien. Dieselben Möbel, dasselbe Rosa, dieselben feinen Mehlspeisen in der Glasvitrine. „Petits Fours", welch kultivierter Anblick, wenn man die derben kroatischen Mehlspeisen, die alle Kolatschen heißen, gewohnt ist, was nicht bedeutet, dass es in Kroatien keine feinen Mehlspeisen gibt: Kroatische Hausfrauen der alten Schule sind Meisterinnen im Backen von Sachertorten und ausgezogenem Apfelstrudel!

Kroatische Hausfrauen der alten Schule sind Meisterinnen im Backen von Sachertorten und ausgezogenem Apfelstrudel!

~

Zagreb, eine
Mischung aus
Graz, Laibach,
Budapest und
Wien

Joseph Graf Jelačić von Bužim (1801–1859), der kaiserliche Feldherr und kroatische Banus, hatte die aufständischen Ungarn erfolgreich in ihre Grenzen verwiesen. Der eigentliche Anlass für Jelačićs Kaisertreue war die drohende Magyarisierung Kroatiens und Slawoniens in Schulen und Verwaltung. Bevor Jelačić 1848 gegen die ungarischen Revolutionäre in den Krieg zog, um deren Streben nach nationaler Eigenständigkeit ohne Wien einen Dämpfer zu verpassen, stellte er eine Forderung an den Kaiser: die Vereinigung der kroatischen Länder (Zentral-)Kroatien, Slawonien, Istrien und Dalmatien. Nach seinen Vorstellungen sollte dieses neue Kroatien innerhalb der Monarchie ein autonomes Kronland bilden und Österreich endlich ein slawisches Kaiserreich sein, was es, die Zahl der deutschen und slawischen Untertanen berücksichtigend, schon war. Die Wiener Regierung lehnte eine Trennung Kroatiens von Ungarn ab. Auch in Dalmatien war man gegen den Anschluss an Kroatien, dort war man der Meinung, Dalmatien hätte Anspruch auf Autonomie. Erst langsam setzte sich auch an der Küste eine prokroatische Bewegung durch, die sich Agram, wie Zagreb damals hieß, zur Hauptstadt wünschte. Den Liberalen und Demokraten seiner Zeit galt Jelačić aber nicht als Retter, sondern als derjenige, der die 1848er-Revolution in Österreich zu Fall brachte, was dem „Gesamtvaterland" bekanntlich die Rückkehr in den Absolutismus bescherte. 1866, drei Jahre vor dem Ausgleich Kroatiens mit Ungarn, wurde die in Wien angefertigte Reiterstatue in Zagreb/Agram aufgestellt. 1948 ließ Tito die Statue entfernen und den Ban-Jelačić-Platz in „Platz der Republik" umbenennen. Die Bronze wurde von Patrioten in Sicherheit gebracht und in einem Keller versteckt. 1990 wurde sie unter Franjo Tudjman wieder an den Ort ihrer Bestimmung gebracht, und der Platz wieder in Jelačić-Platz rückbenannt. Nur die Position der Statue wurde geändert. Zeigte der Säbel des kaisertreuen Volkshelden früher gegen den alten Gegner in Budapest, so zeigt er jetzt gegen Süden.

~

Ruth eilte quer über den Platz auf mich zu. Sie trug einen eleganten, cremefarbenen Mantel, dazu ein feines Tuch, man kennt sich ja sonst nur im Badeanzug. Wir bestellten uns je eine Esterházy-Torte, dann bat ich Ruth, mir ihr Zagreb zu zeigen. Wir spazierten zu Fuß zum Zrinski-Park, wo mein Auto stand. In einer Baulücke, auf einem bewachten

Joseph Graf Jelačić von Bužim

Zeigte der Säbel des kaisertreuen Volkshelden früher gegen den alten Gegner in Budapest, so zeigt er jetzt gegen Süden.

An manchen Orten hatten sich Familien nichtjüdischer Herkunft angesiedelt. So ruht man heute etwas gemischt, was früher einmal nicht der Fall gewesen ist.

Parkplatz zwischen den Häusern, hielt sie an. „Hier stand einmal die Synagoge", sagte sie. Heute erinnert nur eine Tafel an einer Hausmauer daran. Wie viele Juden es heute in Zagreb gibt? Sie meinte, ungefähr achthundert, „mehr sind wir nicht." „Und früher?" „Früher, vor dem Krieg, waren wir zwölftausend, nach dem Krieg nur noch zweitausend." „Wohin wurden sie gebracht? Von wem wurden sie umgebracht? Von den Nationalsozialisten?" „Auch. Und von den Kroaten."

„Hat man dies in Kroatien je aufgearbeitet?" „Nein", sagte sie. Man kehre hier vieles unter den Teppich.

Wir fuhren zum Mirogoj, dem über der Stadt als Park angelegten, weitläufigen Friedhof von Zagreb. Der mit einer Art Triumphbogen überspannte Eingang war mit feuerrotem, wildem Wein bewachsen, das imposante Mauerwerk, ein Bauwerk des kroatischen Historismus, ist aus Backstein. Am Zentraleingang bogen wir gleich rechts in den Weg zu den jüdischen Grabstätten ein. An manchen Orten hatten sich Familien nichtjüdischer Herkunft angesiedelt. So ruht man heute etwas gemischt, was früher einmal nicht der Fall gewesen ist. Da sind die Deutsch, die sich auch Dajić schreiben, dort die Perl und die Openheimer, die Schwarz und viele andere, deren Namen auch in Wien geläufig sind. Nach einer besinnlichen Wanderung, die für Ruth voller angenehmer Erinnerungen an Begegnungen und Tanzveranstaltungen war, und die mir die jüdische Zagreber Welt ein wenig nahebrachte, kam sie meinem Wunsch nach und führte mich den Weg zurück bis zu einer schwarzen, schräg aufgestellten, polierten Marmorwand, unter der Franjo Tudjman ruht. Auf ihrer Rückseite ist der Spruch „Alles für Kroatien. Nichts ohne Kroatien." eingraviert. Die Zahl der Schmuckgaben von Verehrern war äußerst bescheiden. Ich merkte mir nur ein Gebilde aus in Beton gegossenen Meeresmuscheln, das gar nicht zum polierten Marmor passte. Ob wir noch weiter, auf die andere Seite des Friedhofs wandern sollten? Die Gräber schienen dort viel imposanter, bekannte Namen von Industriellen leuchteten uns entgegen. Ruth lehnte ab. Etwas später, unter den Arkaden des Friedhofeinganges, sagte sie bitter: „Wir wissen nicht, ob sie uns im nächsten Monat noch die Pensionen zahlen werden."

Vorbei an ergrauten Gründerzeitbauten, an einem verwitterten Tor, hinter dem heute in einer Wohnung das bescheidene jüdische Bethaus ist, brachte ich sie nach Hause. Diesen Lärm in Zagreb, den mag sie nicht mehr, die Straßenbahn, die Autos, die laute Musik aus den Lautsprechern. Sie gehe gar nicht mehr aus, weil es so laut ist. Den ganzen Winter freue sie sich schon auf die Ruhe in Olib. Ich freue mich ja auch. Dort, am frühen Morgen im Meer, das sich wie Seide anfühlt, werden wir uns im nächsten Sommer wiedersehen.

~

Am nächsten Vormittag kaufte ich mir ein paar Schuhe. Die Inhaberin des kleinen Schuhgeschäfts in der Tkalčićeva Ulica in der alten Stadt ist eine Riesin, was einen Riesenvorteil hat: ich finde hier eine große Auswahl an schicken Schuhen in Größe 41. Sie kann auch Größe 42 und 43 anbieten. Die Kroaten sind ein auffallend groß gewachsenes Völkchen. Nach meiner Einkaufstour holten mich Freunde zu einem Ausflug auf den Medvednica, den Bärenberg, ab. Zagreb ist eine relativ junge Stadt, im Stil eine Mischung aus Wien, Budapest, Graz und Laibach. Ihre zwei mittelalterlichen „oberen" Stadtteile, das bischöfliche Kaptol und das weltliche Gradec, liegen auf je einem Hügel. Der Graben, der die beiden trennt, ist heute ein lebendiges und junges Viertel, mit vielen Kaffeehäusern, Restaurants und Galerien. Die „untere Stadt" wurde im 19. Jahrhundert gebaut, in ihr gibt es schöne Parkanlagen, Museen, Paläste, Bürgerhäuser und Mietskasernen aus der Gründerzeit. Gegen die Save zu, die früher einmal die Stadtgrenze bildete, breitet sich die Vorstadt aus, über der Save schießen die neuen Konsumpaläste und Niederlassungen europäischer Konzerne in die Höhe. Die vierspurige Stadtautobahn ist zu allen Tageszeiten verstopft und wehe, man steht mit seinem Auto in der falschen Spur, aus der man nie wieder in die richtige kommt. Kroaten sind unhöfliche Autofahrer. Ich rate dazu, das Auto in einer Hotelgarage stehen zu lassen und ein Taxi zu nehmen. Am besten ein preiswertes, grünes Hybrid-Taxi.

Die Straße auf den Zagreber Hausberg ist eine Einbahn, an der Ostseite geht's hinauf, an der Westseite hinunter. Auf dem Berg, einem mit Buchen bedeckten Riesenhügel, kann man wandern, picknicken und an der Nordseite auch Ski fahren. Jedes Jahr findet hier ein Weltcup-Rennen statt. Als wir auf der Piste standen, die recht anspruchsvoll aussah,

zog dichter Nebel auf. Viele sportliche Zagreber, so berichtete der Freund, würden wie er des Winters in der Mittagspause auf die Brettln steigen. Auf dem Rückweg kamen wir, am Fuß des Berges, im noblen Stadtteil Sestine, am Herrensitz der neureichen Magnatenfamilie Todorić vorbei. Sie hatte ihr Mini-Schönbrunn im weitläufig-grünen Gelände auf dem Fundament der alten Kulmer Burg errichtet. Die Genehmigung für den Bau bekam Todorić nur, weil es sich um einen „Wiederaufbau" handelte, und weil das Gebäude ein Hotel werden sollte. Als das Hotel fertig war, zog die Familie ein, um zu bleiben.

~

Viele Schlösser wurden zu Museen. Dazu gehört das Schloss Trakošćan in der Zagorje. Es liegt nahe der Autobahn Wien–Zagreb, an der Grenze zu Slowenien. Das weiße Schloss, ein ehemaliges Jagdschloss der Grafen Drašković, erhebt sich auf einem Hügel aus dem dunkelgrünen Herrschaftswald über einem künstlich angelegten See. Eine Führung muss man nicht mitmachen, die Räume mit der sorgfältig zusammengestellten Einrichtung, die nur teilweise dem Original entstammt, sprechen für sich, die Ahnengalerien sind gut beschriftet, ein Informationsblatt wird dem Ticket beigelegt. Trakošćan bringt jedem, der Kroatien verstehen will, ein Stück Landesgeschichte nahe. Die Drašković sind eng mit dem Schicksal Kroatiens und seiner Bewohner verbunden. Der folgende gekürzte Text ist dem Informationsblatt entnommen: „Als Burg war Trakošćan im 13. Jahrhundert Teil einer Befestigungskette, die sich von Pettau in den Osten zog. Die ersten bekannten Herren auf Trakošćan waren die Grafen von Cilli, deren Besitztümer von Steiermark, Kärnten und Krain über Zagorien bis ins Međmurje, dem Land zwischen Mur und Drau, reichten. 1456 wurde der letzte Graf von Cilli, Ulrich, in Belgrad durch seinen Erzfeind, Ladislaus Hunyadi, ermordet. Danach zerfiel das Reich der Cillier in Tausend kleine Grundherrschaften. Was Trakošćan anlangt, so ging es schließlich 1566 als Lehen an den Banus von Kroatien, Kardinal Georg Drašković, es wurde 1584 von der Familie gekauft und blieb bis 1944 in deren Besitz."

207

Das Design für das kroatische Wappen aus roten und weißen Quadraten hat der Förderer der Drašković, Kaiser Maximilian, erfunden.

Vermutlich stammte die Familie aus der Lika, flüchtete vor den Türken, zuerst in die Gegend von Karlovac, später ins sichere Zagorien, wo ihr Aufstieg begann. Sie stellte Feldherren und Bane, Richter und Kirchenfürsten, aber auch Schriftsteller und Gelehrte. 1992 bekam sie einen Teil des Vermögens in Kroatien zurück. Die Burg Trakošćan blieb in Staatsbesitz. Ab 1952 erfolgte die museale Ausstattung des romantischen Schlosses.

~

Vom Turm Trakošćan weht die kroatische Nationalflagge, die gut hierher passt. Das Design für das kroatische Wappen aus roten und weißen Quadraten hat der Förderer der Drašković, Kaiser Maximilian, erfunden – angeblich, weil „Quadrat" gut zu „Kroat" passt. Das erste weiß-rot-weiße Wappen aus dem Jahr 1495 befindet sich demnach nicht in Kroatien, sondern auf dem Deckengewölbe des Stadtrichter-Zeller-Hauses in Innsbruck. Die Farben Rot und Weiß, ursprünglich Rot und Silber, gehen auf das alt-kroatische Königreich zurück, als König Tomislav die von Weißkroaten bewohnte Küste und das von Rotkroaten bewohnte Binnenland 925 n.Chr. vereinte. Das fröhliche Quadrat-Muster auf dem ersten Wappen der Kroaten in Innsbruck beginnt mit Weiß. Es ist also ein weiß-rot-weißes Schachbrettmuster. Man beachte die Abfolge. Als Kroatien auf der Website des Europarates als 28. Mitglied der Union begrüßt wurde, erhob sich in Kroatien ein Sturm der Entrüstung. Man hatte nämlich die weiß-rot-weiße Version ins Internet gestellt, die man dem Ustaša-Staat von 1941 bis 1945 zuordnet. Ihr Schachbrettmuster beginnt, wie das mittelalterliche, mit einem weißen Quadrat. Auf dem Wappen der „autonomen Banschaft Kroatien" aus 1940/41 begann die Kästchen-reihe jedoch mit einem roten Quadrat, wie heute. Von 1945 bis 1947 leuchtete über dem Land einzig der rote Sowjetstern, doch schon ab 1948 durfte man, Titos Antistalinismus sei Dank, das rot-weiß-rote Muster wieder verwenden. Im Mittelalter wurde das Wappen mit einer Krone gekrönt, im Staat der Ustaša von einem dreiteiligen Zopf, in der sozialistischen Republik von einem roten Stern in Getreidegarben. Seit 1990 bilden die fünf historischen Landschaften Kroatiens, die Wappen von Zagorien, Kroatien, Dubrovnik, Dalmatien, Istrien und Slawonien, die Zacken des Emblems.

~

Einem 1964 in Zagreb erschienenen Bildband – „Die Folklore des jugoslawischen Volkes" – entnehme ich, dass es „nun endlich Zeit ist die wahre Kultur der Südlawen zu feiern". Im Überblick von Mazedonien bis Slowenien, von Montenegro bis in die Vojvodina nimmt in diesem Band Kroatien mit seinen zauberhaften Trachten einen bedeutenden Platz ein. Was es da an Mützen und Hüten, an Spitzen und Stickereien, Beinkleidern und Röcken gibt, ist ein wahrer Schatz. Heute haben Vereine, die sich um die Erhaltung der Folklore bemühen, in Kroatien überall großen Zulauf, auch von jungen Leuten. Auf der UNESCO-Liste des „immateriellen Kulturerbes" nimmt Kroatien weltweit bereits den dritten Rang ein, nicht unbedingt, weil es mehr Folklore als andere Länder hätte, sondern weil man sich darum bemüht, weltweit als etwas Eigenständiges anerkannt zu sein. Auf der Liste stehen unter anderem

- das Fest des hl. Blasius in Dubrovnik
- die Produktion von Spitzen in Lepoglava (Slawonien), Hvar und Pag
- die Karnevalsgruppe der Schellner aus Kastav (Rijeka)
- die Kreuzprozession in Hvar
- das zweistimmige Singen und Spielen der istrischen Tonleiter (gewöhnungsbedürftig, Achtung auf die Ohren!)
- die Frühlingsprozession der Frauenfolkloregruppe Ljelja in Slawonien
- die traditionelle Herstellung von Holzspielzeug (Zagorje)
- das Ritterspiel Alka in Sinj
- die Lebkuchen aus dem nördlichen Kroatien
- der Zwieback der Benediktinerinnen in Pag
- der stumme Reigen aus dem dalmatinischen Hinterland (Tanz ohne Musik)
- der Ojkanje-Gesang (Volkslieder mit „unanständigen Texten") aus Slawonien
- die Königskartoffeln vom Biokovo

—

211

Zagreb, Tkalčićeva Ulica

Quellen- und Literaturnachweise

Das vorliegende Buch schildert meine persönlichen Erlebnisse während mehrerer Reisen in Kroatien. Wo es mir wichtig erscheint, streife ich auch die kroatische Geschichte. Wer sich in diese vertiefen möchte, dem empfehle ich als weiterführende Literatur:

- *Edgar Hösch,* **Geschichte der Balkanländer,** C. Beck, 1995
- *Ernest Bauer,* **Glanz und Tragik der Kroaten,** Herold
- *Mladen und Bojana Šćitaroci,* **Slawoniens Schlösser,** von Zagreb bis Vukovar, Stocker, 2000
- *Veljko Barbieri,* **Epitaph eines königlichen Feinschmeckers,** Ingenium, 2007
- *Renate Basch-Ritter,* **Die k. u. k. Riviera,** Pichler, 2002
- *Elena Ostleitner,* **Dora Pejačević,** Edition Furore, 2001
- *Florian Illes,* **1913. Der Sommer des Jahrhunderts**

Verwendete Quellen:
- *Milovan Đilas,* **Tito,** Molden, 1980
- *Alberto Fortis,* **Reisen in Dalmatien** (Bibliotheken, antiquarisch), 1792
- *Thomas Schuller-Götzburg,* **Erinnerungen an Jugoslawien,** Edition Balkan
- *Detlef Kleinert,* **Wenn Tito das wüsste,** Herbig Horizonte, 2008
- *Misha Glenny,* **The fall of Jugoslavia,** Penguin
- *Petar Preradović,* **Die Kroaten und ihre Bauernbewegung,** Luser, 1940
- *Josip Hrbud,* **Die Folklore des jugoslawischen Volkes,** Zagreb, 1964
- *Andrija Kačić,* **The Uskoks of Senj,** Stanford University
- *Gastone Coen, Hg. Ottavio Missoni,* **Zara che fu,** Università di Trieste

Die Autorin

Friederun Pleterski, geboren 1948 in Klagenfurt, studierte Romanistik und Kunstgeschichte in Wien und Bologna (DAMS), sie übersetzte zahlreiche Bücher ins Italienische, war Kolumnistin beim „Kurier" und ist seit vielen Jahren Buchautorin. Sie lebt auf Olib/Kroatien, in Kärnten und Wien. Sie veröffentlichte u. a. Biografien und Sachbücher zu Lifestyle-Themen. Zuletzt sind bei Styriabooks erschienen: „Ein Haus in Dalmatien", „Dalmatinisches Inselbuch" sowie „Heimwärts reisen".

Der Fotograf

Arnold Pöschl, geboren 1981 in Klagenfurt. Ausbildung an der Graphischen in Wien, Studium der Geschichte und Kulturwissenschaften in Graz, Bologna und Wien. Als freier Fotograf tätig. Für Styriabooks fotografierte er „Der Kärntner Kulturführer", „Von Klapotetz und Sauvignon", „Hochzeitsbäckerei" und „Die süße Küche".

Mit dem Kauf eines Hauses im Friaul begann vor einigen Jahren für Gisela Hopfmüller und Franz Hlavac ein „zweites Leben". Ein Leben mit Menschen, die rasch Freunde wurden. Ein Leben mit einem Garten, der je nach Jahreszeit in vielen faszinierenden Farbtönen spielt und bei etwas Mühe eine reiche Auswahl an Obst und Gemüse auftischt. Ein Leben mit selbst gekeltertem Wein aus dem eigenen kleinen Weingarten. Ein Leben mit der reichen Kultur und Geschichte der Region.

Für die vorliegende Neuausgabe wurde der Bestseller komplett überarbeitet und großzügig erweitert.

Gisela Hopfmüller · Franz Hlavac
UNSER FRIAUL
Menschen - Feste - Gärten - Wein

Hardcover mit SU
228 Seiten, 21 x 21 cm
ISBN 978-3-7012-0160-0 · € 24,99

styria regional

Erwin Steinhauer, der Schauspieler, und Günther Schatzdorfer, der Schriftsteller, machen sich auf die Suche nach den einfachen Dingen des Lebens zwischen Tolmezzo und Triest, zwischen Grado und Görz. Das Buch ist ein Reiseführer, der nicht alles verrät, sondern neugierig macht. Der Leser muss sich selbst auf Spurensuche begeben, um seinen persönlichen Weg vom Gebirge ans Meer zu finden.

Erwin Steinhauer · Günther Schatzdorfer
EINFACH. GUT.
Eine kulinarisch-kulturelle Reise
ins Friaul und nach Triest

Taschenbuch
216 Seiten, 12 x 20 cm
ISBN 978-3-7012-0165-5 · € 15,-

DIE BESTSELLER
ALS TASCHENBUCH

Wolfgang Böck, der TV-Kommissar, und Günther Schatzdorfer, der Poet, machen sich auf den Weg nach Venedig, um geheimnisvolle Plätze zu suchen, die weder als Schauplätze für Hochglanz-Gourmet-Guides noch für literarische Morde taugen. Sie nähern sich per Hausboot, via Landstraße und zu Fuß der Serenissima an, erleben den Zauber der Lagunen, des Festlandes und der Inseln.

Wolfgang Böck · Günther Schatzdorfer
BESSER. EINFACH.
Eine kulinarisch-kulturelle Reise durch
die Lagunen nach Venedig

Taschenbuch
204 Seiten, 12 x 20 cm
ISBN 978-3-7012-0166-2 · € 15,-

styria regional

Das neue Ziel für Genießer, eingebettet zwischen Berggipfeln im Norden, wilden Talschluchten und Meeresschönheiten an der Adria. Landschaftlichen Schönheiten und kulinarischen Genüssen waren der Autor Hans Messner und das Fotografen-Ehepaar Marion und Martin Assam im Westen Sloweniens auf der Spur. Zwischen Kranjska Gora und Portorož haben sie eine Vielzahl an Augen- und Gaumenfreuden entdeckt.

Hans Messner · Marion Assam · Martin Assam
SLOWENIEN
Genussland zwischen Alpen und Adria

192 Seiten, 21 x 21 cm
Cell. Pappband
€ 24,99 · ISBN: 978-3-7012-0132-7

styria regional
CARINTHIA